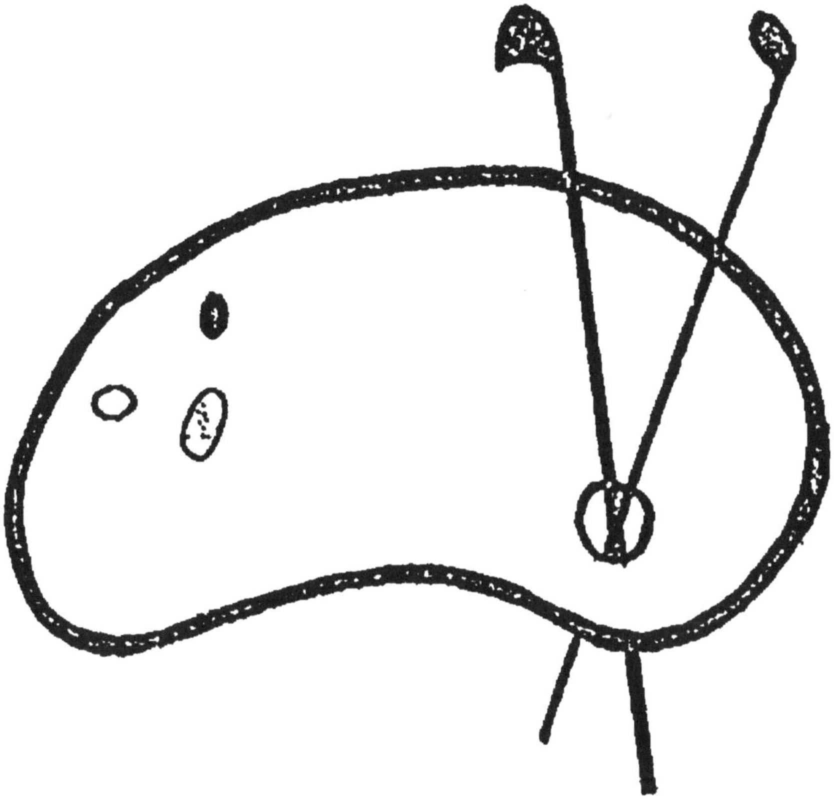

COUVERTURE SUPERIEURE ET INFERIEURE
EN COULEUR

# CODE

# PERPÉTUEL

DES Commissaires du Directoire exécutif près les Administrations municipales ;

*Par G. GABET, Commissaire du Directoire exécutif près l'Administration municipale de Dijon, Côte-d'Or.*

A III. N.° 385

BIBLIOTHÈQUE DU TRIBUNAT

*A DIJON,*

De l'imprimerie de J. B. CAPEL, place Georges.

39485

# AVERTISSEMENT.

*Les matières composant le Code perpétuel des commissaires du directoire exécutif près les cantons, doivent être rangées dans l'ordre suivant :*

1°. *Le discours préliminaire.*
2°. *La table analytique.*
3°. *Le mémorial.*
4°. *Le dictionnaire.*
5°. *La table des mots insérés dans le dictionnaire.*

*Le tout doit être renfermé dans un livre formé d'onglets, c'est-à-dire de petites bandes de parchemin, après lesquelles chaque article sera collé ou attaché, pour pouvoir être enlevé à volonté.*

*Lorsqu'il surviendra dans le dictionnaire des additions et changemens, les additions seront mises à la place que leur assigne l'ordre alphabétique; les changemens nécessiteront, ou une nouvelle rédaction, ou seulement une simple correction de l'article; dans le premier cas, cet article sera refait en entier, et alors on enlévera le premier pour y substituer le nouveau; dans le second cas, le feuillet qui fera la correction, sera mis à la place de celui qui deviendra inutile.*

*Les tables et mémorial seront refaits tous les ans à commencer du 1er. vendémiaire, an 9; les articles du dictionnaire le seront aussi-tôt qu'il surviendra quelques changemens, et tou-*

*jours dans la décade qui suivra la publication du bulletin.*

*La souscription demeurera toujours ouverte. Le prix est de 3 francs pour dix feuilles d'impression. On s'abonne chez l'éditeur. Les letres et l'argent doivent être affranchis.*

# DISCOURS PRÉLIMINAIRE.

Le gouvernement est institué pour imprimer au corps social le mouvement et la vie. C'est à lui à faire observer les lois, à faciliter leur exécution ; c'est à lui à prévenir les abus, à arrêter ceux qu'il n'auroit pu empêcher de naître, à rechercher les causes qui les ont produits, à proposer au corps législatif les remèdes qui peuvent les détruire ; c'est lui qui doit encourager l'industrie, favoriser les arts, étendre et protéger le commerce, méditer sans cesse sur les moyens de faire prospérer la république, et rendre la nation florissante et heureuse. Mais vainement le directoire seroit-il animé du plus pur amour du bien public ; vainement les ministres concevroient-ils les plus grands projets d'amélioration ; si les commissaires du directoire ne les secondoient pas, le but seroit manqué, et avec les élémens du bonheur, la France n'atteindroit pas le degré de splendeur où elle peut parvenir.

Puisque les commissaires de cantons ont sur la prospérité publique une si grande influence, combien donc sont importantes leurs fonctions? quels soins ne doivent-ils point apporter dans leur exercice?

Parcourons rapidement leurs principales obligations; et qu'à la vue des devoirs que leur impose leur place, chacun d'eux travaille avec zèle à les remplir; tous se rendent dignes du poste éminent où ils sont placés.

Le premier objet qui doit fixer l'attention des commissaires, est la direction de l'esprit public de leur arrondissement. Relever la dangereuse apathie des uns, arrêter la fougue impétueuse des autres, diriger tous les sentimens vers l'amour de la patrie, voilà la noble tâche qui est confiée à leurs soins. Les moyens d'exécution en sont nombreux et sûrs: que d'abord ils captivent l'affection de leurs concitoyens par l'affabilité, la douceur, la popularité ; qu'ils écoutent avec complaisance les demandes qui leur sont faites ; qu'ils s'empressent d'acquiescer à celles qui sont justes, et si elles ne le sont pas, que leur refus même devienne aimable à leur abord. Quand les agens subalternes seront chéris, le gouvernement ne tardera pas à être aimé, et il deviendra facile alors d'établir une confiance parfaite entre les gouvernés et les gouvernans ; confiance qui affermit l'esprit public et produit cet élan sublime qui porte les citoyens à faire à la patrie tous les sacrifices que ses besoins exigent. Pour la faire naître, cette confiance, il faut convaincre les administrés, que ce que le corps législatif accorde au directoire pour les dépenses publiques, est impérieusement commandé par le bien général, et que le bien général produit nécessairement le bien particulier des citoyens. Plus d'un obstacle, je le sais, empêchera que ces vérités ne soient bien senties. Déjà j'entends la voix touchante du malheureux qui se trouve victime de la révolution, exprimer avec amertume les maux qu'il endure ; là des calomnies atroces vomies contre le gouvernement, viennent douloureusement frapper mes oreilles; plus loin s'élèvent des plaintes légitimes, et l'on demande à grands cris le redressement des torts que l'on éprouve. Si c'est l'accent du désespoir, ah ! que les commissaires pardonnent aux infortunés dont l'intérêt général a voulu le sacrifice ; si ce sont les clameurs de la malveillance, qu'ils dénoncent ces ennemis dangereux de l'ordre public, et les poursuivent avec intrépidité ; mais si on leur adressoit des plaintes bien fondées, qu'ils les transmettent sans retard aux ministres, qu'ils leur parlent avec franchise, qu'aucune considération ne les arrête : la malignité dût-elle envenimer leurs discours ; dussent-ils être la victime de leur zèle, qu'ils aient le courage de dire la vérité toute entière ; le plus grand ennemi de la république seroit celui qui auroit la lâcheté de déguiser les abus, quand son devoir lui prescrit de les dénoncer : et malheur à celui qui s'en offense ! C'est par cette conduite ferme qu'ils captiveront l'estime de leurs concitoyens, et que leurs voix se feront entendre : alors ils pourront convaincre et répandre l'instruction avec succès ; en abandonnant au tribunal de l'opinion les fonctionnaires dilapidateurs ou prévaricateurs, ils pourront venger ceux des hommes en place qui se sont bien conduits, des reproches injustes qui leur sont faits, en les accusant des maux qui ne peuvent être imputés qu'au malheur des circonstances ; ils pourront rendre moins téméraires ceux qui, ignorant l'art difficile de gouverner, blâment tout ce qui n'est pas conforme à leurs ridicules projets ; ils persuaderont sans peine qu'il importe à la gloire, à la sûreté de ceux qui tiennent les rênes du gouvernement, comme il importe à l'intérêt général qu'ils travaillent à la prospérité publique, et que si la France ne jouit pas encore du bonheur que l'on a droit d'attendre, les obstacles qui en empêchent, tiennent à des causes étrangères à la volonté des gouvernans. Bientôt ces citoyens, revenus de leur erreur, ne feront plus un crime au directoire de son inertie, quand eux-mêmes apportent des entraves au déploiement de ses forces; chacun le considérant comme chef d'une grande famille, le soutiendra, le protégera, le secondera; et le gouvernement n'éprouvant plus d'entraves dans ses vastes projets, pourra remplir enfin ses hautes destinées, et rendre les Français le peuple le plus fortuné de l'Europe, comme il est déjà le plus redoutable de la terre.

Mais il n'y a point d'esprit public, là où les lois ne sont pas exécutées. Veiller à leur stricte observation, est donc un des premiers devoirs des commissaires.

Peu de citoyens ont des connoissances assez étendues pour apprécier le mérite de nos lois, et cependant chacun en raisonne, chacun en censure les dispositions; presque tous les jugent d'après leur intérêt particulier, sans examiner leur influence sur la prospérité publique, unique point de vue sous lequel il est permis de les envisager. Que les sujets d'un roi voient dans les actes de sa volonté une tendance à les asservir davantage, et à leur arracher le fruit de leurs sueurs, cette crainte n'a rien qui étonne; mais un peuple qui se gouverne lui-même, un peuple dont les législateurs redeviennent simples citoyens, peut-il redouter l'empire de ses lois? ne pesent-elles pas également sur tous; et si elles étoient vicieuses, celui qui y auroit co-opéré, ne seroit-il pas la première victime? De ces réflexions on concluroit mal de décider que toutes nos lois sont sans défaut; la science de la législation est, comme toute les autres, soumise aux progrès de l'esprit humain, et ne se perfectionne que par l'expérience; c'est aux commissaires du directoire, sentinelles placées pour examiner leur effet, à juger si ces lois remplissent le but que le législateur s'est proposé; ils doivent donc, en les faisant ponctuellement exécuter, peser et leurs avantages et leurs inconvéniens, transmettre au directoire leurs observations, qui, à son tour, proposera au corps législatif les modifications qui paroîtront nécessaires. C'est en passant par ces épreuves que notre code social s'épurera, et arrivera par degré à la perfection que les institutions des hommes peuvent atteindre.

Il n'y a point encore d'esprit public là où les contributions ne sont pas exactement payées; veiller à ce que la répartition en soit juste, à ce que la perception en soit rapide, est aussi de la compétence des commissaires. Ils doivent instruire les répartiteurs de la délicate et importante opération qui leur est confiée, et les mettre à même de faire une distribution exacte des charges publiques. Ils doivent prouver aux contribuables qu'ici leur intérêt individuel, encore étroitement lié à l'intérêt général, leur commande de satisfaire promptement à cette dette sacrée: qu'ils leur développent avec énergie les funestes conséquences des retards qu'ils apporteroient. Le gouvernement arriéré dans ses recettes, ne peut faire face à ses dépenses; delà la chûte du crédit. La crainte d'attendre long-temps son paiement, excite le fournisseur à demander davantage, et la nécessité de satisfaire à des besoins urgens, force le gouvernement à souscrire à ces conditions désastreuses; alors les charges augmentent, les contributions doublent, et la négligence à les acquitter, devient la source de tous ces maux. Être surtaxé, n'est cependant pas encore pour le contribuable le seul préjudice qui lui en résulte: celui, en effet, qui paie ses impositions en douze parties égales, comme la loi le lui prescrit, se libère insensiblement et sans gêne; mais s'il laisse écouler l'année entière, s'il en laisse accumuler plusieurs, bientôt, écrasé sous le poids de ses charges, il altère sa fortune; et, en faisant le plus grand mal à la société, sa négligence devient l'instrument de sa ruine.

Les commissaires du directoire sont les principaux agens de la police, ils doivent la faire observer avec une scrupuleuse exactitude, et y apporter une activité sans borne. C'est par leurs soins que les délits, qui compromettent la sûreté, la tranquillité des citoyens ; la propreté, la commodité des voies publiques ; la salubrité des comestibles, l'intégrité des poids et mesures, le respect dû aux propriétés, et sur-tout aux propriétés rurales, doivent être poursuivis avec rigueur et célérité. Qu'ils aient continuellement devant les yeux ces maximes : les contraventions sont d'autant moins nombreuses, que les poursuites sont plus actives ; et les citoyens, livrés à leurs occupations habituelles, doivent abandonner le soin de leur repos à la vigilance des agens de la police.

Enfin, le dernier objet, qui fait une partie essentielle des attributions des commissaires, est leur correspondance. Je ne parle pas ici des instructions à demander et des réponses à faire aux fonctionnaires publics ; il est inutile d'observer qu'ils doivent y apporter exactitude, célérité, clarté ; mais il s'agit d'un objet infiniment plus important encore, de la correspondance décadaire. C'est par ce travail simultanément fait sur tous les points de la France, que le directoire doit voir, comme dans un miroir fidèle, la vraie situation de la république, et juger du degré de calme ou d'agitation de bien ou de mal-aise qui y règne; qu'il doit examiner ce qu'il convient de maintenir, ce qu'il faut changer; ce qui a besoin d'encouragement, ce qui se soutient de soi-même; enfin, quel est le degré de prospérité de la France, et à quel degré elle pourroit s'élever encore. La tâche du gouvernement sera facile à remplir, si les commissaires décrivent avec exactitude la situation morale et politique de leur canton : il faut donc qu'ils présentent l'état où se trouve l'esprit public, qu'ils disent ce qui entrave son essor, et ce qu'il conviendroit de faire pour le répandre; il faut qu'ils considèrent les progrès de l'instruction, et donnent leurs vues pour les faciliter, les encourager, les accroître; il faut enfin qu'ils envisagent la population, le commerce, l'industrie de leur arrondissement, et fournissent au directoire tous les moyens que les connoissances locales leur donnent pour favoriser le développement de ces différens germes de la prospérité publique.

Que les fonctions des commissaires sont sublimes! qu'il est doux pour l'homme de bien, pour le philantrope, d'avoir continuellement à rêver sur le bien-être de ses semblables, d'avoir à mettre au jour le fruit de ses méditations! nulle crainte, nul préjugé ne peuvent arrêter la marche de ses idées hardies ; le sol heureux de la France, le génie souple et inventif de ses habitans, le séjour de la liberté, lui permettent de tout entreprendre ; et le poste qu'il occupe lui prescrit de tout dire. Si un jour les cantons goûtent à l'ombre de l'olivier les avantages que l'on a droit d'espérer du meilleur des gouvernemens ; chaque commissaire du directoire, qui y aura co-opéré, jouissant de son ouvrage, et pénétré du bien qu'il aura fait, pourra se dire dans le sentiment d'un orgueil légitime : *et moi aussi j'ai travaillé au bonheur de ma patrie.*

# TABLE ANALYTIQUE

*Indiquant l'ordre de lecture à suivre pour transformer le dictionnaire des commissaires du directoire exécutif, en traité.*

LES commissaires du directoire exécutif près les cantons, exerçant une surveillance générale, doivent connoître l'ensemble de la législation en cette matière. Mais, par leurs fonctions, ils n'ont d'actions directes que sur quelques parties de cette législation, et ces objets doivent être par eux étudiés et approfondis avec soin. Ils trouveront dans le *code perpétuel des administrations municipales* (1), les lois sur l'exécution desquelles ils n'ont qu'une simple surveillance; et *le code perpétuel des commissaires* leur fera connoître celles qui leur prescrivent des devoirs particuliers à remplir.

Pour présenter dans leur ensemble leurs obligations, on a exposé la division générale des differentes branches de l'administration, des contributions, de l'ordre judiciaire, etc. aux-

(1) Ce code paroîtra en nivôse, an 8.

quelles se rapportent les attributions des commissaires ; et en rassemblant tous les articles épars dans le dictionnaire qui suit, on les a rattachés à ce plan général, et offert au lecteur dans l'ordre qui leur seroit assigné, si l'on eût voulu se contenter de faire un simple traité sur cet objet ; en conséquence tous les mots de ce dictionnaire sont rapportés dans cette table en lettres capitales, et les additions ou notes marginales en caractères ordinaires. Ils seront lus dans cet ordre par celui qui voudra faire une étude suivie de son état.

Ce tableau servira à montrer au *législateur* l'influence des commissaires sur les différentes parties de notre systême social, et le mettra à même de décider s'il convient d'étendre ou de restreindre leurs pouvoirs. Il servira à faire connoître au *directoire* si chacun de ses agens remplit exactement les devoirs qui leur sont confiés. Il servira enfin aux *commissaires*, à éclairer et diriger leurs marches avec sûreté, et à régulariser leurs opérations et la conduite qu'ils ont à tenir.

---

Les lois qui concernent directement les commissaires du directoire près les administrations municipales, peuvent être envisagées, ou relativement à eux-mêmes, ou relativement à leurs fonctions.

## TITRE PREMIER.

*Lois concernant les commissaires du directoire près les cantons, relativement à eux-mêmes.*

COMMISSAIRE DU DIRECTOIRE EXÉCUTIF PRÈS

L'ADMINISTRATION MUNICIPALE. I. Par qui nommé ? II. Qui peut être nommé ? III. Incompatibilité. GARDE NATIONALE. I. Les commissaires du directoire en sont exempts. BAC. I. Les commissaires sont exempts du droit de bac. COMMISSAIRE DU DIRECTOIRE, etc. IV. Résidence. V. Ne peuvent s'absenter sans permission. VI. Qui les remplacent en cas d'empêchement ? VII. Traitement. IX. Comment cessent les fonctions des commissaires ?

## TITRE II.

### *Lois concernant les commissaires du directoire, relativement à leurs fonctions.*

Les lois qui concernent les fonctions des commissaires du directoire exécutif près les administrations municipales, peuvent être considérées sous les rapports suivans: 1°. Fonctions en général. 2°. Fonctions relatives à l'administration. 3°. Fonctions relatives aux contributions. 4°. Fonctions relatives à l'ordre judiciaire. 5°. Fonctions relatives à la force armée.

## CHAPITRE PREMIER.

### *Des fonctions en général.*

COMMISSAIRE DU DIRECTOIRE EXÉCUTIF PRÈS L'ADMINISTRATION MUNICIPALE. VIII. Fonctions. CORRESPONDANCE. I. Remise de la correspondance aux commissaires. II. Réponse à la correspondance. III. Forme de la correspondance. IV. Qui peut correspondre sans payer le port ? V. Lettres non affranchies par ceux qui ne sont pas fonctionnaires. DÉNONCIATION. Des abus et malversations.

## CHAPITRE II.

### *Fonctions relatives à l'administration.*

ABSENS POUR SERVICE PUBLIC. I. La prescription, les délais ne courent point contre les défenseurs de la patrie. II. La liste des défenseurs doit être remise au greffe des tribunaux. III. Les propriétés des absens sont mises sous la surveillance des agens. IV. Les commissaires sont chargés de la surveillance de ces dispositions.

ACTIONS JUDICIAIRES QUI INTÉRESSENT LA RÉPUBLIQUE. I. Les actions qui intéressent la république, s'intentent au nom du commissaire près l'administration centrale. II. Les commissaires doivent dresser des mémoires pour la nation.

AFFICHES. II. Affiches des autorités doivent être sur papier blanc.

ANNUAIRE RÉPUBLICAIN.. Réquisition pour faire régler les séances des administrations et des juges-de-paix sur le nouvel annuaire.

CERTIFICATS DE VIE. Doivent être visés par les commissaires.

DÉTENUS. Permission nécessaire pour transférer les détenus dans les hôpisaux.

ECHENILLAGE. I. Tout possesseur doit écheniller et brûler les bourses et toiles. II. Les commissaires doivent visiter les terreins pour s'assurer s'ils sont échenillés, et en rendre compte au ministre. III. Publication de la loi sur les échenillages.

ÉCOLE PARTICULIÈRE. I. On doit en faire la visite. II. Et en dresser procès-verbal.

ENFANS ABANDONNÉS. Surveillance chez les nourrices et les maîtres d'apprentissage.

ÉPIZOOTIE. I. Déclarati[illegible] 'agent des animaux malades. II. I's ne doive[illegible] communiquer ni pâturer avec les autres. III [illegible] commissaire doit en être instruit. IV. Déc[illegible]ation du propriétaire du bétail.

HYPOTHÈQUES. I. Formalités à remplir pour que les ouvriers aient un privilège. II. Inscription sur les comptables, mineurs et époux.

MESURES DE LA RÉPUBLIQUE. I. Uniformité de mesures. II. Mesures linéaires. III. Mesures agraires. IV. Mesures de capacité. V. Mesures pour les bois. VI. Poids. VII. Monnoies. VIII. Division du cercle. IX. Division du jour. X. Division des thermomètres et baromètres.

MINUTES DES JUSTICES DE PAIX. Le commissaire doit viser le reçu du dépôt des minutes.

NOM. I. Nom qu'il est permis de porter, et peines qu'encourent les contrevenans. II. Les commissaires doivent dénoncer les contraventions.

NOTAIRES. II. En cas de décès d'un notaire, ce que doivent faire les commissaires.

PASSE-PORT. I. On ne peut voyager sans passeports. II. Ils ne doivent être donnés qu'à ceux qui sont connus; et en cas de non-connoissance, il faut des témoins. III. Peines en cas de contravention. IV. Forme des passe-ports. V. Peines contre ceux qui signeroient des passeports sous des noms supposés. VI. Étranger arrivant en France.

PERQUISITION POUR LES DÉLITS FORESTIERS. I. Pour la faire, le garde doit se faire accompagner de l'agent ou commissaire de police. II. Peines contre celui qui s'y refuseroit.

ceux qui ne sont pas fonctionnaires. DÉNONCIATION. Des abus et malversations.

## CHAPITRE II.

### *Fonctions relatives à l'administration.*

ABSENS POUR SERVICE PUBLIC. I. La prescription, les délais ne courent point contre les défenseurs de la patrie. II. La liste des défenseurs doit être remise au greffe des tribunaux. III. Les propriétés des absens sont mises sous la surveillance des agens. IV. Les commissaires sont chargés de la surveillance de ces dispositions.

ACTIONS JUDICIAIRES QUI INTÉRESSENT LA RÉPUBLIQUE. I. Les actions qui intéressent la république, s'intentent au nom du commissaire près l'administration centrale. II. Les commissaires doivent dresser des mémoires pour la nation.

AFFICHES. II. Affiches des autorités doivent être sur papier blanc.

ANNUAIRE RÉPUBLICAIN.. Réquisition pour faire régler les séances des administrations et des juges-de-paix sur le nouvel annuaire.

CERTIFICATS DE VIE. Doivent être visés par les commissaires.

DÉTENUS. Permission nécessaire pour transférer les détenus dans les hôpisaux.

ECHENILLAGE. I. Tout possesseur doit écheniller et brûler les bourses et toiles. II. Les commissaires doivent visiter les terreins pour s'assurer s'ils sont échenillés, et en rendre compte au ministre. III. Publication de la loi sur les échenillages.

ÉCOLE PARTICULIÈRE. I. On doit en faire la visite. II. Et en dresser procès-verbal.

POSTE AUX CHEVAUX. I. Peines contre les postillons qui insultent ou vexent les voyageurs. II. Registre où les plaintes doivent être portées.

RADIATION DE LA LISTE DES ÉMIGRÉS. I. Affiche du nom des réclamans. II. Interrogatoire des témoins qui attestent la résidence.

RÉUNION DÉCADAIRE. Les commissaires doivent y assister.

RIVIÈRES NAVIGABLES ET FLOTABLES. Les commissaires doivent veiller à ce qu'il n'y ait aucun obstacle au cours des rivières navigables et flotables.

## CHAPITRE III.

*Fonctions relatives aux contributions.*

### PREMIÈRE PARTIE.

*Fonctions relatives aux contributions directes.*

#### Section 1re. *De la contribution foncière.*

CONTRIBUTION FONCIÈRE. I. Quel revenu est soumis à l'impôt. II. Pour les terres labourables; jardins potagers; jardins d'agrément, &c. enclos; pâtis; terres vagues. III. Pour les vignes. IV. Pour les prés; prairies naturelles; prairies artificielles. V. Pour les bois; terreins où se trouvent quelques arbres forestiers. VI. Pour les tourbières. VII. Pour les étangs. VIII. Pour les canaux. IX. Pour les mines et carrières. X. Pour les maisons; maisons d'habitation; bâtimens d'exploitation; fabriques;

usines; bâtimens nouvellement construits; révision de l'évaluation des revenus. XI. On ne doit pas avoir égard aux prestations dont les fonds sont grevés. XII. Modification de l'imposition en faveur des marais desséchés; en faveur des terres vaines cultivées; terrein en valeur, planté en vignes, arbres ou bois; formalité pour jouir des avantages ci-dessus, en faveur des canaux desservant des usines; en faveur des canaux nouvellement ouverts; mention du temps où ces avantages doivent cesser. XIII. Propriétés publiques; rues; rivières, &c. domaines nationaux; propriétés communales; propriété des établissemens publics. SUBVENTION EXTRAORDINAIRE DE GUERRE POUR L'AN SEPT. I. Sur la contribution foncière.

## Section 2e. *Des contributions personnelle, mobiliaire et somptuaire.*

CONTRIBUTIONS PERSONNELLE, MOBILIAIRE ET SOMPTUAIRE POUR L'AN SEPT. I. Les citoyens peuvent être assujettis à quatre espèces de cotes. II. Cote personnelle. III. Cote mobiliaire. IV. Cote somptuaire. V. Cote sur les salaires publics. VI. Où ces taxes sont exigibles. VII. Dans quel lieu les fonctionnaires doivent être imposés. SUBVENTION EXTRAORDINAIRE DE GUERRE POUR L'AN SEPT. II. Sur les contributions personnelle, mobiliaire et somptuaire.

## Section 3e. *Mode de répartition.*

Pour connoître le mode de répartition des contributions, il faut distinguer les contributions foncières des contributions personnelles.

### §. 1er. *Répartition des contributions foncières.*

RÉPARTITION DES CONTRIBUTIONS. I. Agens de la répartition. II. Répartition faite par l'administration centrale. III. Répartition faite par les administrations de canton. IV. Répartition faite par les répartiteurs. V. Comment ils procèdent à la répartition des contributions. AGENCE DES CONTRIBUTIONS DIRECTES. Qui la compose? INSPECTEUR DES CONTRIBUTIONS. Ses fonctions près les commissaires.

§. 2. *Répartition des contributions personnelle, mobiliaire et somptuaire.*

RÉPARTITION DES CONTRIBUTIONS PERSONNELLE, MOBILIAIRE ET SOMPTUAIRE DE L'AN SEPT. I. Agens de la répartition. II. Répartition faite par l'administration centrale. III. Répartition faite par les administrations de canton. IV. Répartition faite par les répartiteurs de la contribution personnelle et mobiliaire; de la taxe somptuaire; de la retenue à faire sur les salaires des fonctionnaires publics et des employés. V. Peines imposées aux répartiteurs négligens.

## Section 4e. *De la perception.*

PERCEPTION DES CONTRIBUTIONS. I. Il ne doit y avoir qu'un percepteur pour les contributions foncières et mobiliaires. II. Adjudication de la perception. III. Envoi au commissaire central de la date des adjudications. IV. Obligations des percepteurs. V. Surveillance du percepteur. VI. Mode de paiement des contributions. VII. Les percepteurs sont responsables des sommes non rentrées. VIII. Prescription des contributions. IX. Liste des contribuables en retard de payer. X. Remplacement d'un percepteur décédé. PERCEPTION DE LA CONTRIBUTION MOBILIAIRE, PERSONNELLE ET SOMPTUAIRE DE L'AN 7. I. Perception de la contribution personnelle et mobiliaire. II. De la taxe

Section 3e. *Droits d'entrée et de sortie.*



Section 4e. *Loterie nationale.*



Section 5e. *Patentes.*

## CHAPITRE IV.

*Fonctions relatives à l'ordre judiciaire.*

---

## PREMIERE PARTIE.

*Fonctions relatives à la police.*

### Section 1^re^. *Des délits.*



### Section 2^e^. *De la police et de la justice.*



### Section 3^e^. *Des agens de la police.*

Section 4e. *Du tribunal de police.*

§. 1er. *Organisation du tribunal.*



§. 2. *Compétence du tribunal.*

animaux à l'abandon. Troupeaux de chèvres. Troupeaux conduits dans les champs moissonnés avant deux jours. Bétail dans les prairies artificielles, vignes, etc. Bétail étranger pacageant. A garde faite. Entrer à cheval dans les champs ensemencés. V. Délits ruraux commis 3°. ailleurs que dans les héritages. Chemins publics. Matériaux appartenans aux communautés. Échenillage. Feu allumé dans les champs. Bétail mort et non enfoui. Coalition pour hausser et baisser le prix des journées. Troupeau malade conduit au pâturage commun. Enlèvement des engrais. Bétail tué ou blessé par les voyageurs. VI. Délits sur les rivières navigables; par les mariniers et autres préposés; par les personnes qui se soustrairoient au droit; par ceux qui favoriseroient les fraudes ou contraventions. VII. Irrespect à l'audience. VIII. Délits qui ne sont pas de la compétence des tribunaux de police. Délits contre les bonnes mœurs. Contre le culte. Insultes et violences graves. Tranquillité publique troublée. Atteintes portées à la propriété. Délâbrement des fours et cheminées dans les campagnes. Détérioration des arbres. Dévastation de récoltes sur pied. Avoir blessé ou tué du bétail ou des chiens. Rupture d'instrumens aratoires. Déplacement de bornes. Enlevement des engrais. Vol de récoltes fait avec panier. Vol de bois. Dégât fait dans les bois par le bétail. Et autres délits.

§. 3. *Forme de procéder.*

TRIBUNAL DE POLICE. III Qui peut être cité et par qui? IV. Jours d'audience. VII. On doit paroître en personne. V. Instruction. VI. Jugement par défaut. PEINES DE POLICE. I. En quoi elles consistent. II. En cas de récidive, qui les prononce? TRIBUNAL DE POLICE. IX.

Exécution du jugement. AMENDE. I. Extrait du jugement qui prononce une amende, doit être remis au receveur du droit d'enregistrement. II. Qui doit faire les poursuites pour le recouvrement. III. Et en faire part au commissaire. IV. La liberté des détenus ne doit être rendue qu'après avoir satisfait à l'amende. CORRESPONDANCE. X. Envoi au commissaire du tribunal de police correctionnelle, de l'état des jugemens de police.

§. 4. *Du recours en cassation.*

TRIBUNAL DE POLICE. VIII. Sursis à l'exécution du jugement pour se pourvoir en cassation. X. Comment s'opère le recours en cassation. XI. Cas où il y a lieu à la cassation.

## SECONDE PARTIE.

### *Fonctions relatives aux tribunaux supérieurs.*

Les commissaires du directoires près les cantons doivent dénoncer ou poursuivre devant les tribunaux autres que celui de police :

1°. Les administrations municipales qui ne surveilleront pas les propriétés des absens pour service public. Voyez : ABSENS POUR SERVICE PUBLIC.

2° Les actions en justice qui intéressent la république. Voyez : ACTIONS JUDICIAIRES QUI INTÉRESSENT LA RÉPUBLIQUE.

3°. Les militaires, réquisitionnaires ou conscrits déserteurs, et leurs complices. Voyez : DÉSERTEURS.

4°. Ceux qui pilleroient les dépôts des douanes. Voyez : DOUANES.

5°. Les entrepreneurs de voitures qui se

chargeroient de lettres, paquets, &c. Voyez : ENTREPRENEURS DE VOITURES.

6°. Les gardes champêtres qui commettroient des abus et malversations. Voyez : GARDES CHAMPÊTRES.

7°. Les citoyens qui se refuseroient à un service extraordinaire de la garde nationale. V. GARDE NATIONALE.

8°. Les citoyens qui prendroient des noms autres que ceux portés dans leur acte de naissance et les fonctionnaires publics qui les leur donnent. Voyez : NOM.

9°. Ceux qui feroient des estimations, prisées et ventes publiques autres que les notaires, greffiers, huissiers. Voyez : NOTAIRE.

10°. PAPETERIE. I. Poursuites contre ceux qui prendroient des délibérations pour ne pas travailler. II. Amendes prononcées par les ouvriers contre les entrepreneurs, considérées comme vol. III. Les ouvriers doivent être employés à toutes les fonctions du métier. IV. Temps du travail. V. Compétence des délits concernant les papeteries.

11°. Ceux qui n'auroient point de passe-port ou qui en signeroient sous des noms supposés. V. PASSEPORT.

12°. Ceux qui étant sujets à patente, ne s'en seroient pas pourvus. Voyez : PATENTE.

13°. Le commissaire de police ou l'agent qui refuseroit d'accompagner le garde dans la perquisition nécessaire pour découvrir les délits de police forestière. Voyez : PERQUISITION POUR LES DÉLITS FORESTIERS.

14°. Les répartiteurs qui ne se présenteroient pas à la citation donnée devant l'administration municipale. Voyez : RÉPARTITION DES CONTRIBUTIONS.

15°. Ceux qui chercheroient à faire passer des grains à l'étranger. Voyez : TRANSPORT DES GRAINS A L'ÉTRANGER.

16°. Les fabricateurs et vendeurs de cartes à jouer non timbrées. Voyez : TIMBRE DES CARTES A JOUER.

Les commissaires de canton doivent faire afficher les jugemens criminels. Voyez AFFICHE, n°. 1er.

## CHAPITRE V.

*Fonctions relatives à la force armée.*

### Section 1re. *De la garde nationale sédentaire.*

GARDE NATIONALE. II. Peine des citoyens qui se refusent à un service ordinaire. III. Qui se refusent à un service extraordinaire. IV. Qui commettent des délits qui ne sont pas de la compétence des conseils de discipline. COLONNE MOBILE. I. Il y en a une dans chaque canton. II. Elle est du sixième de la garde nationale. III. Elle est renouvellée tous les six mois. IV. Comment organisée ? V. Le tableau de cette colonne doit être remis au commissaire.

### Section 2e. *De la gendarmerie nationale.*

GENDARMERIE NATIONALE. I. Signature des registres et certificats. II. Fonctions et réquisitions. III. Forme de la réquisition.

### Section 3e. *De la garde nationale en activité.*

DISPENSE DE SERVICE MILITAIRE. I. Ces dispenses sont provisoires ou définitives. II. Cas où elles s'accordent et par qui. III. Quand et comment par les administrations municipales? IV. Quand et comment par les administrations centrales? V. Par le ministre de la guerre. VI. Choix et salaires des officiers de santé. VII. Peines contre les officiers de santé, commissaires et administrateurs prévaricateurs. VIII. Le certificat des officiers de santé doit faire mention si un conscrit peut servir autrement que comme soldat. IX. Dispenses données avant la publication de la loi sont nulles. X. Cette loi est commune aux réquisitionnaires. XI. Infirmités jugées par les administrations municipales. XII. Infirmités jugées par les administrations centrales. DÉSERTEURS. I. Surveillance contre la désertion. II. Les commissaires doivent coopérer à l'arrestation des déserteurs. III. Ils doivent faire partir les conscrits. IV. Définition des militaires, réquisitionnaires et conscrits. V. Qui sont ceux qui sont obligés de rejoindre? VI. Qui sont ceux qui doivent partir? VII. Peines contre les commissaires qui n'exécuteroient pas les lois sur la désertion.

*Fin de la table analytique.*

# MÉMORIAL

*Des Commissaires du Directoire exécutif près les Administrations municipales.*

Les commissaires du directoire près les administrations municipales doivent :

*Chaque jour.*

1°. Assister aux délibérations de l'administration municipale.

2°. Assister aux audiences du tribunal de police.

3°. Poursuivre les délinquans ; faire exécuter les jugemens du tribunal de police, et se pourvoir en cassation, quand il y a lieu.

4°. Remettre, tous les trois jours qui suivent la prononciation d'un jugement de police, portant peine d'amende ou de confiscation, un extrait au receveur du droit d'enregistrement.

5°. Dénoncer les abus, malversations et contraventions aux lois.

6°. Surveiller l'exécution des lois.

7°. Veiller à la rentrée des contributions, et donner leur avis par écrit sur les réclamations faites par les contribuables.

8°. Répondre à la correspondance.

9°. Donner audience à tous les citoyens qui se présentent aux commissaires.

10°. Signer les passe-ports, les registres de la gendarmerie, les certificats de vie, etc.

*Chaque décade.*

1°. Instruire le commissaire près l'administration centrale, de la situation morale et politique du canton, et de l'exécution des lois.

2°. Vérifier et arrêter les recettes du percepteur des contributions.

3°. Envoyer au commissaire central le bordereau des sommes portées sur les récépissés des percepteurs et préposés des recettes.

4°. Envoyer au commissaire près le tribunal correctionnel, deux tableaux : l'un des délits, et l'autre des jugemens de police.

5°. Assister aux fêtes décadaires.

*Chaque mois.*

1°. Envoyer au commissaire près l'administration centrale, 1°. le résumé des opérations du commissaire près l'administration municipale, concernant les contributions; 2°. l'état des décharges et réductions sur les contributions; 3°. l'état des recettes qui auront été faites, et des contraintes qui auront été exercées contre les redevables de patente en retard; 4°. l'état des naissances, adoptions, mariages, divorces et décès du canton.

2°. Faire la visite des écoles particulières, pensionnats et maisons d'éducation.

*Chaque année.*

1°. Requérir la publication de la loi sur les échenillages, veiller à son exécution, et en instruire le ministre.

2°. Requérir, dans la première décade de thermidor, la convocation des répartiteurs, pour rédiger ou revoir avec eux les matrices des contributions.

3°. Requérir la nomination d'un percepteur.

4°. Envoyer au commissaire près l'administration centrale, la date de l'adjudication de la perception des contributions, le nom du percepteur, et le montant des frais de perception.

*Fin du mémorial.*

# ABSENS POUR SERVICE PUBLIC.

Aucune prescription, expiration de délai ou péremption d'instance, ne peut être acquise contre les défenseurs de la patrie et autres citoyens attachés au service des armées de terre et de mer, pendant tout le temps qui s'est écoulé ou s'écoulera depuis leur départ de leur domicile, s'il est postérieur à la déclaration de la présente guerre, ou depuis ladite déclaration s'il étoit déjà au service, jusqu'à l'expiration d'un mois après la publication de la paix générale ou après la signature du congé absolu qui leur auroit été ou leur seroit délivré avant cette époque. Le délai sera de trois mois, si, au moment de la publication de la paix ou de l'obtention du congé absolu, ces citoyens font leur service hors de la république, mais en Europe; de huit mois, dans les colonies en-deça du Cap-de-Bonne-Espérance; de deux ans, en-delà de ce Cap. *L. du 6 brumaire, an 5, art. 2. B. 85; no. 811.* Ceux qui auroient librement et formellement acquiescé aux jugemens rendus contre eux, ne sont pas compris dans l'article précédent. *Art. 3.* Les jugemens prononcés contre les défenseurs de la patrie et autres citoyens de service aux armées, ne peuvent donner lieu à l'expropriation forcée pendant les délais énoncés en l'article 1I. *Art. 4.* Aucun de ces jugemens ne pourra être mis à exécution qu'autant que la partie poursuivante aura présenté et fait recevoir par le tribunal qui aura rendu le jugement, une caution solvable de rapporter, le cas échéant. *Art. 5.* 

I. La prescription, les délais, etc. ne courent point contre les défenseurs.

II. La liste des défenseurs doit être remise aux greffes des tribunaux.

Pour l'exécution de l'article précédent, les administrations municipales de canton feront et déposeront dans les cinq jours de la présente loi (1), aux greffes du tribunal civil, du tribunal de commerce et de la justice de paix desquels relève le canton, une liste contenant les noms et prénoms de tous les citoyens de leur arrondissement absens de leur domicile pour le service des armées de terre et de mer. *Art. 6.*

III. Les propriétés des absens sont mises sous la surveillance des agens.

Les propriétés des défenseurs de la patrie et des autres citoyens absens pour le service public, sont mises sous la surveillance des agens et adjoints municipaux de chaque commune; ils seront tenus de dénoncer sous leur responsabilité personnelle au commissaire du directoire exécutif près l'administration municipale du canton, les atteintes qui pourroient être portées à ces propriétés; le commissaire du directoire exécutif poursuivra en indemnité devant les tribunaux, les communes qui ne les auroient pas prévenues, ou repoussées conformément aux lois existantes. *art. 7.*

IV. Les commissaires sont chargés de la surveillance de ces dispositions.

Les commissaires du directoire exécutif auprès des administrations et des tribunaux, sont chargés, chacun en ce qui les concerne, de surveiller l'exécution de la présente. *Art. 8.*

---

(1) La même formalité doit être remplie par identité de raison, toutes les fois que de nouveaux défenseurs sont appelés au service de la patrie.

# ACTIONS JUDICIAIRES QUI INTÉRESSENT LA RÉPUBLIQUE.

I
Les actions qui intéressent la république, s'intentent au nom du commissaire près l'administration centrale.

Toutes les actions en justice, principales, incidentes, ou en reprise, qui seront intentées par les corps administratifs, et dans lesquelles la république est partie, le seront au nom de la république française, par le commissaire exécutif près l'administration départementale, à la poursuite et diligence du commissaire près l'administration municipale, dans le ressort de laquelle se trouveront les objets contentieux. *L. du 19 nivôse, an 4, art. 1. B. 18, n°. 104.* Si ces actions donnent lieu à des poursuites devant le tribunal de département, elles y seront suivies et dirigées par le commissaire du directoire près l'administration départementale au nom de laquelle elles auront été intentées. *Art. 2.*

II.
Les commissaires doivent dresser des mémoires pour la nation.

Dans toutes les affaires portées devant les tribunaux, dans lesquelles la république est partie, les commissaires du directoire exécutif près les administrations, en vertu des arrêtés desquels elles seront poursuivies, sont tenus d'adresser aux commissaires du directoire près ces tribunaux, des mémoires contenant les moyens de défense de la nation. *A. du 10 thermidor, an 4, art. 1. B. 62, n°. 572.* Les commissaires du directoire près les tribunaux pourront lire à l'audience les mémoires qui leur auront été adressés par les commissaires du directoire près les administrations; et soit qu'ils les lisent ou non, ils proposeront tels moyens, et prendront telles conclusions que la nature de l'affaire leur paroîtra devoir exiger. *Art. 2.*

# AFFICHES.

Le commissaire près le tribunal criminel doit adresser chaque mois autant d'exemplaires qu'il y a de communes du ressort ayant une population de cinq mille habitans, ou au-dessous ; et à raison d'un, par chaque fois, cinq mille habitans que renferment les communes plus peuplées, de l'état sommaire des jugemens du tribunal criminel, portant condamnation à une peine quelconque, aux commissaires près les tribunaux correctionnels, qui doivent les transmettre aux commissaires près les administrations municipales ; ceux-ci veilleront à ce que les administrations municipales les fassent afficher dans les lieux les plus apparens. *A. du 27 brumaire, an 6, art. 2, 6 et 9. B. 159, n°. 1558.*

I. Des jugemens criminels.

Les affiches des actes émanés de l'autorité publique, seront seules imprimées sur papier blanc ordinaire ; et celles faites par des particuliers, ne peuvent l'être que sur papier de couleur, sous peine de l'amende ordinaire de police. *L. du 28 juillet 1791.*

II. Affiches des autorités doivent être sur papier blanc.

# AGENCE DES CONTRIBUTIONS DIRECTES.

L'agence des contributions directes est composée, pour chaque département, des commissaires du directoire exécutif près les administrations centrale et municipales, d'un inspecteur et des préposés aux recettes : elle est chargée de tous les travaux préparatoires relatifs à ces contributions. *L. du 22 brumaire, an 6, art. 3. B. 157, n°. 1546.* V. RÉPARTITION. Qui la compose ?

# AMENDE.

Les commissaires du directoire sont tenus, dans les trois jours qui suivent la prononciation d'un jugement portant peine d'amende ou de confiscation, de remettre un extrait de ce jugement aux receveurs des droits d'enrégistrement, établis dans l'arrondissement. *A. du 1er. nivôse, an 5, art. 1. B. 97, no. 917.* Ce délai n'est applicable qu'aux jugemens rendus par les tribunaux de police, contre lesquels il n'y a point de déclaration de recours à cassation. *A. du 16 nivôse, an 5, art. 1. B. 99. no. 941.* A l'égard des jugemens de ces tribunaux, contre lesquels il a été fait, dans les trois jours, une déclaration de recours à cassation, les extraits n'en seront remis aux receveurs du droit d'enrégistrement, que dans les trois jours qui suivront, soit la réception du jugement confirmatif du tribunal de cassation, soit la déchéance du recours à cassation, par l'effet du défaut de consignation d'amende, dans les dix jours fixés par l'article 449 du code des délits et des peines, pour la remise au greffe de la requête en cassation, à laquelle la quittance de consignation d'amende doit être jointe. *Art. 2.* I. Extrait du jugement qui prononce une amende, doit être remis au receveur du droit d'enrégistrement.

Les receveurs des droits d'enrégistrement feront sur-le-champ les diligences nécessaires pour opérer le recouvrement des condamnations prononcées. *A. du 1er. nivôse, an 5, art. 2.* II. Qui doit faire les poursuites pour le recouvrement.

Tous les décadis, les receveurs des droits d'enrégistrement adresseront aux commissaires du directoire un état des recouvremens faits et les III. Et en faire part au commissaire.

recouvremens à faire, correspondant aux états indicatifs des condamnations prononcées, que ceux-ci leur auront fait parvenir. *Art. 3.* (1)

IV. La liberté des détenus ne doit être rendue qu'après avoir satisfait à l'amende.

Les commissaires du directoire tiendront la main à ce qu'aucun detenu, pour fait de police, ou pour délit rural, ne soit mis en liberté, s'il n'a produit la quittance du receveur des droits d'enrégistrement, constatant qu'il a satisfait aux condamnations prononcées contre lui. *Art. 4.* Ils ne peuvent cependant empêcher qu'un condamné insolvable, qui se trouvera dans le cas prévu par l'article 5 du titre 2 de la loi du 28 esptembre 1791, sur la police rurale, (2) ne soit mis en liberté après le terme pendant lequel cette loi autorise la continuation de sa détention pour cause d'insolvabilité. *A. du 16 nivôse., an 5, art. 4.*

---

(1) l'arrêté du 29 ventôse, an 5, art. 7, porte : » chaque » commissaire fera mention, dans son compte décadaire, des » rapports du directeur des droits d'enrégistrement; » mais cet arrêté n'ayant pour objet que les amendes prononcées, jusqu'au premier nivôse, an 5, il y a lieu de croire que cette disposition ne s'applique pas à ce qui doit être fait pour les amendes prononcées depuis.

(2) Peines de police.

Le commissaire près la municipalité doit dénoncer les administrations municipales qui régleront leurs séances sur les dimanches et fêtes de l'ancien calendrier. *A. du 14 germinal, an 6, art. 1. B. 194, n°. 1785.* Il doit requérir les juges de paix de régler pareillement sur la décade les audiences qu'ils tiennent, soit comme présidens des tribunaux de police, soit comme juges de paix proprement dits, soit au bureau de conciliation. Il doit dénoncer au ministre de la justice ceux qui prendroient encore les dimanches et les fêtes de l'ancien calendrier, pour régulateurs de leurs jours d'audience. *Art. 2.*

Réquisitions pour faire régler les séances des administrations & des juges de paix sur le nouvel annuaire.

# BAC (droits de)

Les commissaires du directoire qui se transportent pour raison de leurs fonctions, ne sont point assujettis au paiement des droits de bac. *L. du 6 frimaire, an 7, art. 50. B. 246, n°. 2218.* I. Les commissaires du directoire sont exempts du droit de bac.

Le directoire déterminera les mesures de police et de sûreté, relatives à chaque passage; en conséquence il désignera les lieux, les circonstances dans lesquelles le bac ou bateau devra avoir attaché à sa suite un batelet ou canot, et celles dans lesquelles les batelets ou canots devront être disposés à la rive, à l'effet de porter secours à ceux des passagers auxquelles un accident imprévu feroit courir quelques risques. Il prescrira le mode le plus convenable d'amarrer les bacs et bateaux lors de l'embarquement et du débarquement, afin d'arrêter les dangers que le recul du bateau pourroit occasionner. Il fixera aussi le nombre des passagers et la quantité de chargement que chaque bac ou bateau devra contenir en raison de sa grandeur. *Art. 44.* Les adjudicataires et nautonniers maintiendront le bon ordre dans leurs bacs et bateaux pendant le passage, et seront tenus de désigner aux officiers de police ceux qui s'y comporteroient mal, ou qui, par leur imprudence, compromettroient la sûreté des passagers. *Art. 45.* Dans les lieux où les passages de nuit sont autorisés, les veilleurs ou quarts exigeront des voyageurs, autres que les domiciliés, la représentation de leurs passe-ports, qui devront être visés par l'administration municipale, ou l'officier de po- II. Obligations des employés aux bacs.

lice des lieux. Les conducteurs de voitures publiques, courriers des malles et porteurs d'ordre du gouvernement, seront dispensés de cette derniere formalité. *Art. 46.* Les employés, avant que d'entrer en exercice, doivent être munis de certificats des commissaires civils de la marine, dans les lieux où ces sortes d'emplois sont établis, ou de l'attestation de quatre anciens mariniers conducteurs, donnée devant l'administration municipale de leur résidence dans les autres lieux. *Art. 47.*

III. Peines contre les contrevenans

Il est enjoint aux adjudicataires, mariniers et autres personnes employées au service des bacs, de se conformer aux dispositions de police administrative et de sûreté, contenues dans la présente loi, ou qui pourroient leur être opposées par le directoire et les administrations, pour son exécution, à peine d'être responsables en leur propre et privé nom, des suites de leur négligence, et en outre être condamnés, pour chaque contravention, en une amende de la valeur de trois journées de travail; le tout à la diligence des commissaires du directoire exécutif près les administrations centrales et municipales. *Art. 51.* Il est expressément défendu aux adjudicataires, mariniers et autres personnes employées au service des bacs et bateaux, d'exiger, dans aucun temps, autres et plus fortes sommes que celles portées au tarif, à peine d'être condamnés par le juge de paix du canton, soit sur la requisition des parties plaignantes, soit sur celle des commissaires du directoire, à la restitution des sommes induement perçues, et en outre, par forme de simple police, à une amende qui ne pourra être moindre de la valeur d'une journée de travail et d'un jour d'emprisonnement, ni excéder la valeur de trois journées de travail et trois jours d'emprisonnement ; le jugement de condamnation sera imprimé et affiché aux frais du contrevenant. En cas de récidive, la condamnation sera prononcée par le tribunal de police correctionnelle. *Art.* 52. Si l'exaction est accompagnée d'injures, menaces, violences ou voies de fait, les prévenus seront traduits devant le tribunal de police correctionnelle. *Art.* 53. Les adjudicataires seront, dans tous les cas, civilement responsables des restitutions, dommages et intérêts, amendes et condamnations prononcées contre leurs préposés et mariniers. *Art.* 54. Toute personne qui se soustrairoit au paiement des sommes portées aux tarifs, sera condamnée par le juge de paix du canton, outre la restitution des droits, à une amende qui ne pourra être moindre de la valeur d'une journée de travail, ni excéder trois jours; en cas de récidive, le juge de paix prononcera, outre l'amende, un emprisonnement qui ne pourra être moindre d'un jour, ni être de plus de trois; et l'affiche du jugement sera aux frais du contrevenant. *Art.* 56. Si le refus de payer étoit accompagné d'injures, menaces, violences ou voies de fait, les coupables seront traduits devant le tribunal de police correctionnelle. *Art.* 57. Toute personne qui aura aidé ou favorisé la fraude, ou concouru à des contraventions aux lois sur la police des bacs, sera condamnée aux mêmes peines que les auteurs des fraudes ou contraventions. *Art.* 58. Toute personne qui auroit encouru quelques-unes des condamnations prononcées par les articles précédens, sera tenue d'en consigner le montant au greffe du juge de paix du canton, ou de donner caution solvable, laquelle sera reçue par le juge de paix, ou l'un de ses assesseurs ; sinon seront ses voitures et chevaux mis en fourrière, et les marchandises déposées à ses frais jusqu'au paiement, jusqu'à la consignation, ou jusqu'à la réception de la caution. *Art.* 59. Toute consignation ou dépôt sera restitué immédiatement après l'exécution du jugement qui aura prononcé sur le délit pour raison duquel les consignations ou dépôts auront été faits. *Art.* 60.

# CERTIFICATS DE VIE.

Doivent être visés par les commissaires.

Les certificats de vie délivrés pour obtenir le paiement des dettes viagères et des pensions dues par la république, doivent être donnés sans frais par les municipalités; ils seront signés de deux administrateurs, et visés par le commissaire du directoire près l'administration de canton. *L. du 22 floréal, an 7, art. 10. B. 278, n°. 2880.*

# COLONNE MOBILE.

Il y a dans chaque canton de la république un détachement de la garde nationale sédentaire, toujours prêt à marcher et dont les membres sont désignés d'avance. Ce détachement est connu sous le nom de colonne mobile. *A. du 17 floréal, an 4, art. 1. B. 49, n°. 410.* I. Il y en a une dans chaque canton.

La force de ce détachement, non compris les officiers et sous-officiers, est égale au sixième de la totalité de la garde nationale sédentaire de chaque canton. *Art. 2.* II. Elle est du sixième de la garde nationale.

Les citoyens qui devront le composer seront choisis, de nouveau, tous les six mois; mais ce détachement pourra être renouvellé plus fréquemment si les circonstances l'exigent. L'administration centrale jugera seule du besoin de ce renouvellement extraordinaire. *Art. 3.* Les citoyens qui auront été ou seront membres des colonnes mobiles, pourront être réélus sans aucune interruption. *Art. 4.* III. Elle est renouvellée tous les six mois.

Les officiers municipaux forment les colonnes mobiles (1). *Art. 7.* En conséquence ils fixeront d'abord le nombre auquel la colonne IV. Comment organisée.

(1) Cet article porte qu'elles doivent être renouvellées dans les mois de frimaire et prairial; mais la loi du premier messidor, an 7, qui change l'époque de la réorganisation de la garde nationale, doit changer aussi celle de la colonne mobile.

devra être portée et éliront ensuite les citoyens qui devront la composer. *Art.* 8. Cette première élection terminée, les officiers municipaux réunis s'occuperont du choix des officiers, et sous-officiers destinés à commander ce détachement. *Art.* 9. Le choix de tous les officiers et sous-officiers se fera grade par grade : les caporaux seront pris parmi les caporaux de la garde nationale sédentaire, les sergens parmi les sergens, les sous-lieutenans parmi les sous-lieutenans, et ainsi de suite. *Art.* 10. Il sera choisi autant de caporaux qu'il y aura de fois huit hommes dans la colonne, autant de sergens qu'il y aura de fois seize hommes, autant de lieutenans et sous-lieutenans qu'il y aura de fois trente deux hommes, autant de capitaines qu'il y aura de fois soixante-quatre hommes, et autant de chefs de bataillon qu'il y aura de fois six cent quarante hommes; il ne pourra au surplus y avoir par canton moins d'un capitaine, d'un lieutenant et d'un sous-lieutenant, quelle que soit d'ailleurs la force de la colonne mobile du canton. Il y sera aussi attaché un chef de bataillon toutes les fois que cette colonne sera composée de plus de trois compagnies; deux lorsqu'elle le sera de plus de treize, et ainsi de suite. Il sera de plus désigné un tambour pour chaque compagnie. *Art.* 11. Dès que tous les officiers, sous-officiers et fusiliers auront été élus, l'administration municipale chargera deux de ses membres de former le tableau des diverses escouades, sections, pelotons, compagnies et bataillons, s'il y a lieu. *Art.* 12. Lorsque, pour cause de mort ou autrement, la colonne mobile se trouvera réduite au-dessous du nombre fixé par l'article 2, les officiers municipaux procéderont à son complément, en suivant les formes prescrites pour sa formation et son renouvellement. *Art.* 14.

Dans les cantons qui sont divisés en plusieurs municipalités, il sera formé une colonne mobile par chaque arrondissement de commune, et les officiers municipaux de chacune d'elles exécuteront toutes les opérations prescrites ci-dessus aux administrations municipales de canton. *Art.* 17.

V. Il doit être formé une colonne dans chaque arrondissement.

Dès que l'organisation sera terminée, le tableau des officiers et fusiliers composant la colonne mobile, sera remis au commissaire du directoire exécutif près la municipalité; celui-ci l'adressera, avec ses observations, au commissaire du directoire près l'administration centrale, lequel le soumettra, avec ses observations, à l'approbation de ladite administration, qui pourra le rejeter en tout ou en partie. Il sera procédé alors par les officiers municipaux, à de nouveaux choix qui seront soumis à la même approbation. *Art.* 15.

VI. Le tableau de cette colonne doit être remis au commissaire.

# COMMISSAIRE DU DIRECTOIRE EXÉCUTIF PRÈS L'ADMINISTRATION MUNICIPALE.

Le directoire exécutif nomme auprès de chaque administration municipale un commissaire qu'il révoque, lorsqu'il le juge convenable. *Acte const. art. 191.* I. Par qui nommé ?

Le commissaire près de chaque administration locale, doit être pris parmi les citoyens domiciliés depuis un an dans le département où cette administration est établie. Il doit être âgé de vingt cinq ans au moins. *Art. 192.* II. Qui peut être nommé ?

Aucun citoyen ne pouvant exercer ni concourir à l'exercice d'une autorité chargée de la surveillance médiate ou immédiate des fonctions qu'il exerce dans une autre qualité, les commissaires du directoire exécutif ne peuvent être membres des autorités administratives et judiciaires, ou leurs greffiers, notaires, receveurs du département ou d'enrégistrement, membres des administrations forestières, employés dans le service des douanes, postes et messageries, ni remplir d'autres fonctions publiques sujettes à comptabilité pécuniaire. *L. du 24 vendémiaire, an 3. B. 73, n°. 388, 1re. série* (1). S'ils sont appellés à remplir des fonctions incompatibles, ils sont tenus de faire leur option dans la III. Incompatibilité.

(1) Cette loi antérieure à la constitution, est faite pour les agens nationaux ; elle n'est citée pour les commissaires que par analogie.

décade qui suivra la notification qui leur sera faite du nouveau choix qui aura eu lieu en leur faveur, à peine d'être destitués des unes et des autres après ce délai expiré. *Art. 2 et 3 du tit. 4.*

IV. Résidence. Le commissaire du directoire près l'administration municipale doit résider dans le lieu où l'administration tient ses séances. *L. du 21 fructidor an 3, art. 14. B. 185, n°. 1128, 1re. série* Si les chefs-lieux n'ont qu'une population de deux mille ames et au-dessous, ils ne sont point tenus de résider dans ces chefs-lieux, mais seulement dans le canton. *L. du 11 pluviôse, an 4, art. 1. B. 23, n°. 150.*

V. Ne peuvent s'absenter sans permission. Les commissaires du directoire ne peuvent s'absenter de leur poste, sans en avoir obtenu l'autorisation de l'administration centrale de leur département respectif, qui doit en informer sur-le-champ les ministres de l'intérieur et de la police générale, à peine d'être sur-le-champ destitués. *A. du 19 pluviôse, an 4, art. 1 et 5. B. 25, n°. 173.*

VI. Qui le remplace en cas d'empêchement? En cas de maladie, ou d'autre empêchement momentanée, l'administration nomme un de ses membres pour le suppléer provisoirement. *L. du 21 fructidor, an 3, art. 15.*

VII. Traitement. Le traitement des commissaires du directoire exécutif près les administrations municipales, est ainsi réglé :

| | |
|---|---|
| Paris . . . . . . . . . . . . . | 2400 f. |
| Communes au-dessus de 50,000 individus . . . . . . . . . . . . | 1800 |
| Celles de 10 à 50 mille. . . . | 1200 |
| Celles de 5 à 10 mille . . . . | 900 |
| Celles au-dessous de cinq mille, parmi lesquelles sont compris les commissaires hors des murs. . . | 600 |

*L. du 11 brum., an 7, art. 1. B. 239, n°. 2154.*

Les commissaires du directoire ont encore une remise sur les contributions, comme agens de ces contributions. *Remarque de l'éditeur.* Ces remises sont calculées entre quatre cent et mille francs pour chacun des commissaires, à raison du nombre des matrices de rôle dont il est chargé, de la célérité et de la régularité qu'il mettra dans ses opérations. *L. du 21 pluviôse, an 6. B. 181, n°. 1717, art. 2.* Cette remise court à compter du 1er. frimaire, an 6, *art. 4;* ces dépenses sont prises sur les fonds de non-valeurs des contributions directes, *art. 5.* Les dispositions de la loi du 22 brumaire, contraires à celle-ci, sont rapportées, *art. 6.*

Le commissaire du directoire doit assister à toutes les délibérations de l'administration municipale, et il n'en doit être pris aucune qu'après qu'il aura été oui. *L. du 21 fructidor, an 3, art. 15.* VIII. Fonctions.

Le commissaire du directoire, ou celui qui en remplit les fonctions, n'a, en aucun cas, voix délibérative. *Même art.*

Il doit faire parvenir exactement au commissaire du pouvoir exécutif près l'administration centrale, tout ce qu'il recueillera de relatif à l'exécution des lois, à la sûreté publique et particulière, à tous les troubles, à tous les désordres qui peuvent exister, ou qui pourroient survenir dans son arrondissement. *A. du 20 pluv. an 4, art. 1. B. 26, n°. 175.*

Le commissaire du directoire surveille et requiert l'exécution des lois. *Acte const. art. 191.*

Les fonctions du commissaire du directoire cessent, 1°. en acceptant des fonctions incompatibles. *L. du 24 vendémiaire, an 3, art. 2 et 3 du tit. 4. B. 73, n°. 388, 1re. série.* IX. Comment cessent les fonctions de commissaire.

2°. Par acceptation de la qualité de législateur. *L. du 30 germinal, an 5, art. 2. B. 119, n°. 1148.*

3°. Par révocation ou destitution. *Acte const. art. 191.*

# COMMISSAIRES DE POLICE.

Dans toutes les communes dont la population ne s'élève pas à cinq mille habitans, les fonctions de commissaire de police sont exercées par l'agent municipal, ou son adjoint. Dans les communes dont la population est de cinq mille à dix mille habitans, il y a un commissaire de police choisi par l'administration municipale dans les communes plus peuplées; le bureau central, et à défaut l'administration municipale en choisit un par section. *Code des délits et des peines, du 3 brumaire, an 4, art. 25. et 27 B. 204, n°. 1221. 1ère série.* I. Leur nombre.

Les commissaires de police, lorsqu'ils sont en fonctions, doivent porter pour marque distinctive un chaperon d'étoffe aux trois couleurs de la nation. *L. du 28 juin 1791.* II. Marque distinctive.

L'administration municipale peut, dans les lieux où la loi n'y aura pourvu, commettre à l'inspection des matières d'or ou d'argent, à celle de la salubrité des comestibles et médicamens, un nombre suffisant de gens de l'art, lesquels, après avoir prêté serment, rempliront à cet égard seulement les fonctions de commissaires de police. *L. du 22 juillet 1791, tit. 1, art. 13.* III. Préposés remplissant les fonctions de commissaires de police.

Les commissaires de police, outre les fonctions qui leur sont attribuées dans la police administrative, exercent la police judiciaire relativement à tous les délits commis dans leurs arrondissemens respectifs, dont la peine n'excède pas une amende égale à la valeur de trois journées de travail, ou trois jours d'emprison- IV. Fonctions des commissaires de police.

8

nement. *Code des délits, etc. art.* 28. En conséquence ils son spécialement chargés de rechercher tous les délits dont il vient d'être parlé, même ceux qui sont relatifs aux bois et aux productions de la terre, sauf, à l'égard de ces derniers, la concurrence des gardes forestiers et des gardes champêtres; de recevoir les rapports, dénonciations et plaintes qui y sont relatifs; de dresser des procès-verbaux indicatifs de leur nature et de leurs circonstances, du temps et du lieu où ils ont été commis, des personnes qui en sont présumées coupables; de recueillir les preuves et les indices qui existent sur les prévenus; de les dénoncer au commissaire du pouvoir exécutif près l'administration municipale, lequel fera citer les prévenus au tribunal de police. *Art.* 29. Ils exerçent ces fonctions dans toute l'étendue de leurs communes respectives. *Art.* 30. Néanmoins, dans les communes où il existe plusieurs commissaires de police, l'administration municipale assigne à chacun d'eux un arrondissement particulier. *Art.* 31. Ces arrondissemens ne limitent ni ne circonscrivent leurs pouvoirs respectifs, mais indiquent seulement les termes dans lesquels chacun d'eux est plus spécialement astreint à un exercice constant et régulier de ses fonctions. *Art.* 32. Lorsqu'un des commissaires de police se trouve légitimement empêché, celui de l'arrondissement le plus voisin se trouve personnellement tenu de le suppléer; le commissaire du directoire exécutif près l'administration municipale, lui fait, au besoin, toutes réquisitions nécessaires à cet effet, et il est tenu d'y déférer. *Art.* 33. En cas de difficulté sur la nature de l'empêchement, ou sur la désignation du suppléant, l'administration municipale en décide; mais la réquisition du commissaire du pouvoir exécutif s'exécute provisoirement. *Art. 34.* Si le commissaire de police d'une commune où il n'en existe qu'un, se trouve légitimement empêché, l'agent municipal, ou son adjoint, le remplace tant que dure l'empêchement. *Art. 35.* Les commissaires de police sont tenus, lorsque le juge de paix n'est pas dans le lieu où se commettent les délits qui sont de son ressort, de les constater par des procès-verbaux, de les lui dénoncer, de faire saisir les prévenus pris en flagrant délit, ou poursuivis par la clameur publique, et de les faire conduire devant lui. *Art. 36.*

V. Cas où ils peuvent entrer chez les citoyens.

Nul commissaire de police ne peut entrer dans les maisons des citoyens, si ce n'est pour la confection des états des habitans, et la vérification des registres des logeurs; pour l'exécution des lois sur les contributions directes, ou en vertu des ordonnances, contraintes et jugemens dont ils seront porteurs, ou enfin sur le cri des citoyens, invoquant de l'intérieur des maisons le secours de la force publique. *L. du 22 juillet 1791, tit. 1er. art. 8. Acte constitutionnel, art. 359.* A l'égard des lieux où tout le monde est admis indistinctement, tels que cafés, cabarets, boutiques et autres, les officiers de police pourront toujours y entrer, soit pour prendre connoissance des désordres ou contraventions aux réglemens, soit pour vérifier les poids et mesures, le titre des matières d'or et d'argent, la salubrité des comestibles et médicamens. *Art. 9.* Ils pourront aussi entrer en tout temps dans les maisons où l'on donne habituellement à jouer des jeux de hasard, mais seulement sur la désignation qui leur en auroit été donnée par deux citoyens domiciliés. Ils pourront également entrer en tout temps dans les lieux livrés notoirement à la débauche. *Art. 10.* Hors les cas mentionnés aux articles ci-dessus, les officiers de police, qui, sans autorisation spéciale de justice ou de la police, feront des visites ou recherches dans les maisons des citoyens, seront condamnés par le tribunal de police correctionnelle, à des dommages-intérêts qui ne pourront être au-dessous de 100 liv., sans préjudice des peines prononcées par la loi dans le cas de voies de fait, de violences et autres délits. *Art. 11.* La maison de chaque citoyen est un asile inviolable; pendant la nuit, nul n'a le droit d'y entrer que dans les cas d'incendie, d'inondation, ou de réclamation venant de l'intérieur de la maison. *Acte constitutionnel, art. 359.*

VI. Forme de leurs procès-verbaux.

Les commissaires de police, les appariteurs et autres gens assermentés dresseront dans leurs visites et tournées le procès-verbal des contraventions en présence de deux des plus proches voisins, qui apposeront leurs signatures, et des experts en chaque partie d'art, quand il y en aura d'indiqués, soit par la municipalité, soit par le tribunal de police. *L. du 22 juillet 1791, tit. 1, art. 12.* Leurs procès-verbaux doivent être timbrés et enrégistrés en débet (1). *L. des 13 brumaire, an 7, art. 12. B. 237, no. 2136. L. du 22 frimaire, an 7, art. 70. B. 248, no. 2223.*

VII. Cas où leurs procès-verbaux doivent être remis au juge de paix.

Dans le cas où le commissaire de police remettroit au commissaire du pouvoir exécutif près l'administration municipale de son arrondissement, des dénonciations, procès-verbaux, ou

(1) La loi ne parle pas du timbre en débet, mais cet usage est autorisé par une décision du ministre des finances, du 17 pluviôse, an 7.

autres pièces relatives à un délit dont la peiue excéde trois jours de travail, ou trois jours d'emprisonnement, le commissaire du pouvoir exécutif est tenu de les renvoyer au juge de paix. *Code des délits. Art. 37 et 83.* Le juge de paix en accuse la réception dans le jour suivant. *Art. 84.*

Les commissaires de police sont destituables au gré de l'administration municipale. *Art. 26.* Ce droit appartient au bureau central, quand il y en a un d'établi dans la commune. *Art. 27.* VIII. Cessation de leurs fonctions.

# COMPÉTENCE DU TRIBUNAL DE POLICE.

La compétence des tribunaux de police s'étend à tous les délits qui emportent peine de simple police. *Code des délits et des peines, du 4 br. an 4, art. 600. B. 204, nº. 1221, 1re. série.* I. En quoi elle consiste.

Sont punis des peines de simple police : II. Délits de police.

*I.* Les délits de police contenant :

1º. Toutes les contraventions à la sûreté et à la commodité du passage dans les rues, quais, places et voies publiques ; ce qui comprend le nétoiement, l'illumination, l'enlévement des encombremens, la démolition ou la réparation des bâtimens menaçant ruine ; l'interdiction d'exposer aux fenêtres, ou autre partie des bâtimens, des objets qui puissent nuire par leur chûte ; la défense de jeter des corps qui puissent blesser ou endommager les passans, ou causer des exhalaisons nuisibles, et celle d'embarrasser ou dégrader les voies publiques. *Art. 605 du code des délits ; et lois du 16 août 1790 et 22 juillet 1791.* Contraventions à la sûreté et commodité des voies publiques.

2º. Ceux qui ouvriroient les boutiques, magasins et atteliers autres néanmoins que ceux des comestibles et objets de pharmacie, les décadis et fêtes nationales. *L. du 17 thermidor, an 6, art. 8, B. 216, nº. 1943.* A la clôture des boutiques les décadis et fêtes nationales.

Les administrations municipales peuvent néanmoins autoriser les étalages portatifs d'objets propres à l'embellissement des fêtes. *Art. 9.*

3º. Ceux qui travailleroient les mêmes jours dans les lieux et voies publiques, ou en vue des lieux et des voies publiques, à moins qu'ils n'aient été spécialement autorisés par les corps administratifs, pour des travaux urgens, ou Au repos dans les lieux et voies publiques, ou en vue d'iceux.

qu'il ne s'agisse des travaux de la campagne pendant le temps des semailles et des récoltes. *Art.* 10.

A la fixation des jours de marchés.

4°. Ceux qui tiendroient machés ou étalages particuliers de comestibles ou autres objets, à des jours autres que ceux fixés pour ces marchés par les administrations municipales. *L. du 23 fructidor, an 6, art. 6, n°. 2002. B. 225.*

A l'ouverture des boutiques les jours de foires et marchés.

5°. Ceux qui ne tiendroient pas leurs boutiques ouvertes les jours de foires et marchés. *Art. 7.*

A la divagation des insensés ou des animaux.

6°. Ceux qui laissent divaguer les insensés ou furieux, ou des animaux malfaisans ou féroces. *Code des délits, art. 605.*

A la tranquillité publique.

7°. Les délits contre la tranquillité publique, tels que les injures verbales dont il n'y a pas de poursuite par la voie criminelle, les rixes, attroupemens injurieux ou nocturnes, voies de fait et violences légères, pourvu qu'il n'y ait personne de blessé ou de frappé, et que les auteurs ne soient pas notés comme *gens sans aveu, suspects* ou *mal-intentionnés*; auxquels cas ils ne peuvent être jugés que par le tribunal correctionnel. *Même art. du code, et loi du 16 août 1790.*

A la non-tenue des registres par les aubergistes, &c.

8°. Les aubergistes, maîtres d'hôtels garnis et logeurs qui n'inscrivent pas de suite et sans aucun blanc, sur un registre en papier timbré et paraphé par un officier municipal ou un commissaire de police, les noms, qualités, domicile habituel, dates d'entrée et de sortie de tous ceux qui couchent chez eux, même une seule nuit; qui ne présentent pas ce registre tous les quinze jours, et en outre toutes les fois qu'ils en seront requis, soit aux officiers municipaux, soit aux officiers de police, ou aux citoyens commis par la municipalité. *L. du 22 juillet 1791, tit. 1, art. 5.* Faute de se conformer aux dispositions du précédent article, ils seront condamnés à une amende du quart de leur droit de patentes; sans que cette amende puisse être au-dessous de 3 liv. (1) *Art. 6.*

9°. Les délits commis dans les papéteries par les ouvriers, concernant leur travail. *L. du 17 juin 1791, et A. du 16 fructidor, an 4. B. 73, n. 674.* V. PAPÉTERIE. Aux réglemens des papéteries.

10°. Les contraventions aux mesures dans le débit des denrées qui se vendent au poids et aux mesures de longueur et de capacité, et à la salubrité des comestibles exposés en vente publique, et qui sont gâtés, corrompus ou nuisibles, lesquels seront confisqués et détruits. *Code des délits, art. 605, et loi du 16 août 1790.* Aux mesures et à la salubrité des comestibles.

11°. Les boulangers et bouchers, qui vendent le pain et la viande au-delà du prix fixé par la taxe légalement faite et publiée. *Même art. du code.* A la vente du pain et de la viande au-delà du prix fixé.

12°. Ceux qui, au lieu de faire des affiches sur papier de couleur, les feroient sur papier blanc. *L. du 28 juillet 1791.* V. AFFICHE. Aux affiches sur papier de couleur.

13°. Les réglemens actuellement existans sur la vérification de la qualité des pierres fines, la salubrité des comestibles et des médicamens, sur les objets de serrurerie, l'achat et la vente des matières d'or et d'argent, des drogues, médicamens et poisons, sur la présentation, le dépôt et adjudication des effets précieux dans Aux différens réglemens de police.

---

(1) Ces délits ne sont de la compétence de la police, qu'autant que l'amende n'excédera pas la valeur de trois journées de travail. Remarque de l'éditeur.

les monts de piété, lombards, ou autres maisons de ce genre, sur la voirie, la construction des bâtimens, et ceux relatifs à leur solidité et sûreté, continueront d'être exécutés jusqu'à ce qu'il en ait été autrement ordonné. *L. du 22 juillet 1791, tit. 1, art.* 29. La taxe des subsistances ne peut avoir lieu que sur le pain, et la viande de boucherie, et ne peut être étendue sur aucune autre espèce de denrées. *Art.* 30.

III. Délits ruraux commis dans les héritages 1°. par main d'hommes.

*II.* Les délits ruraux dont l'énumération suit, et qui étoient dans le cas d'être jugés par voie de police municipale. *Code rural du 28 septembre 1791.*

Inondations.

1°. Quand on inonde l'héritage de son voisin, ou qu'on lui transmet volontairement les eaux d'une maniere nuisible. *Code rural, art.* 15. Les propriétaires ou fermiers des moulins ou usines qui ne tiennent pas les eaux à une hauteur qui ne nuise à personne, et qui est fixée par le département, d'après l'avis de l'administration municipale. *Art.* 16.

Fossés, haies.

2°. Recombler les fossés, dégrader les clôtures, couper les branches des haies vives, enlever des bois secs des haies. *Art.* 17.

Glanage, ratelage, grapillage.

3°. Les glaneurs, les rateleurs et les grapilleurs qui entrent dans les champs, prés et vignes récoltés et ouverts avant l'enlèvement des fruits. En cas de contravention, outre l'amende, les produits du glanage, du ratelage et grapillage seront confisqués. Le glanage, le ratelage et le grapillage sont interdits dans tout enclos rural. *Art.* 21. L'héritage est réputé clos lorsqu'il est entouré d'un mur de quatre pieds de hauteur, avec barrière ou porte, ou lorsqu'il est exactement fermé et entouré de palissades ou de treillages, ou d'une haie vive, ou d'une haie seche faite avec des pieux, ou cordelée avec des branches, ou de toute autre maniere de faire les haies en usage dans chaque localité; ou enfin d'un fossé de quatre pieds de large au moins à l'ouverture, et de deux pieds de profondeur. *Cod. rur. B. 4, art. 6.*

Couper ou cueillir les fruits en vert.

4°. Si quelqu'un, avant leur maturité, coupe ou détruit de petites parties de bled en verd, ou d'autres productions de la terre, sans intention manifeste de les voler. *Tit. 2, art. 28.*

Maraudage.

5°. Si quelqu'un maraude, dérobe des productions de la terre, qui peuvent servir à la nourriture des hommes, ou d'autres productions utiles. *Art. 34.*

Faire des chemins dans les héritages.

6°. Le voyageur qui déclorre un champ pour se faire un passage dans sa route, paiera le dommage fait au propriétaire, et l'amende, à moins que le juge de paix du canton ne décide que le chemin public étoit impraticable, et alors les dommages et les frais de clôture seront à la charge de la communauté. *Art. 41.*

IV.
Délits ruraux commis 1°. dans les héritages par les animaux à l'abandon.

7°. Les dégâts que les bestiaux de toute espèce, laissés à l'abandon, font sur les propriétés d'autrui, soit dans l'enceinte des habitations, soit dans un enclos rural, soit dans les champs ouverts. *Art. 12.*

Troupeaux de chevres.

8°. Dans les lieux qui ne sont sujets, ni au parcours, ni à la vaine pâture, les chevres qui seront sur l'héritage d'autrui, contre le gré du propriétaire de l'héritage. Dans les pays de parcours ou de vaine pâture, où les chevres ne sont pas rassemblées et conduites en troupeau commun, celui qui aura des animaux de cette espèce, les mene aux champs sans être attachés. *Art. 18.*

Troupeaux conduits dans les champs moissonnés avant 2 jours.

9°. Si les pâtres et les bergers mènent les troupeaux dans les champs moissonnés et ouverts, avant qu'il y ait deux jours après la récolte entière. *Cod. rural, tit.* 2, *art.* 22.

Bétail dans les prairies artif., vignes, &c.

10°. Si dans tous les temps, on mène sur le terrein d'autrui, des bestiaux dans les prairies artificielles, dans les vignes, oseroies, dans les plans de capriers, d'oliviers, de mûriers, de grenadiers, d'orangers, et arbres de même genre, dans tous les plans ou pépinières d'arbres fruitiers, ou autres faits de main d'hommes. *Art.* 24.

Bétail étranger pacageant.

11°. Les conducteurs des bestiaux revenant des foires, ou les menant d'un lieu à un autre, même dans les pays de parcours ou de vaine pâture, qui les laissent pacager sur les terreins des particuliers, ou sur les communaux; à défaut de paiement, les bestiaux pourront être saisis et vendus jusqu'à concurrence de ce qui sera dû pour l'indemnité, l'amende et autres frais relatifs. *Art.* 25.

A garde faite.

12°. Ceux qui gardent à vue leurs bestiaux dans les récoltes d'autrui. *Art.* 26.

Entrer à cheval dans des champs ensemencés.

13°. Celui qui entre à cheval dans les champs ensemencés, si ce n'est le propriétaire ou ses agens. *Art.* 27.

V.

Délits ruraux commis, 3°. ailleurs que dans les héritages.

Chemins publics.

14°. Les dégradations ou détériorations, de quelque manière que ce soit, des chemins publics, ou l'usurpation sur leur largeur; ceux qui les auront commises, seront condamnées à la réparation, ou à la restitution et à l'amende. *Art.* 40.

Les gazons, les terres ou les pierres des chemins publics, qui sont enlevés sans l'autorisation de l'administration centrale. *Art.* 44.

15°. Les terres ou matériaux appartenans aux communautés, ne peuvent également être enlevés, si ce n'est par suite d'un usage général établi dans la commune pour les besoins de l'agriculture, et non aboli par arrêté de l'administration municipale. *Même art.* Matériaux appartenans aux communautés.

16°. Les propriétaires, fermiers, locataires, ou autres, qui n'ont pas échenillé ou fait écheniller avant le premier ventôse de chaque année, ou brûlé les bourses et toiles qui sont tirées des arbres, haies ou buissons. *L. du 26 ventôse an 4. B. 33, n°. 242, art. 1, 2 et 6.* V. ÉCHENILLAGE. Échenillage.

17°. Avoir allumé du feu dans les champs plus près que cinquante toises des maisons, bois, bruyeres, vergers, haies, meules de grains, de paille ou de foin. *Cod. rur. tit. 2, art. 10.* Feu allumé dans les champs.

18°. Quand un propriétaire n'a pas enfoui les bestiaux morts dans la journée, à quatre pieds de profondeur, dans son terrein, ou voituré à l'endroit désigné par la municipalité; outre l'amende il doit payer les frais de transport ou d'enfouissement. *Art. 13.* Bétail mort et non enfoui.

19°. Si les propriétaires ou fermiers d'un même canton se coalisent pour faire baisser ou fixer à vil prix la journée des ouvriers, ou des gages des domestiques. *Art. 19.* Si les moissonneurs, les domestiques et ouvriers de la campagne se liguent entr'eux pour faire hausser et déterminer le prix des gages ou les salaires. *Art. 20.* Coalition pour hausser et baisser le prix des journées.

20°. Un troupeau atteint de maladie contagieuse, qui sera rencontré au pâturage sur les terres du parcours, autres que celles qui auront été désignées pour lui seul, peut être saisi par les gardes champêtres, et même par toute autre personne, et mené au lieu du dépôt qui sera in- Troupeau malade conduit au pâturage commun.

diqué à cet effet par la municipalité, et le maître du troupeau doit être condamné à l'amende. *Art.* 23.

Enlevement des engrais.

21°. Celui qui, sans la permission du propriétaire ou fermier, enléve des fumiers, de la marne, ou tous autres engrais portés sur les terres, et qui ne les a pas fait tourner à son profit. *Art.* 33.

Bétail tué ou blessé par les voyageurs.

22°. Le voyageur qui, par la rapidité de sa voiture ou de sa monture, tue ou blesse les bestiaux sur les chemins. *Art.* 42.

VI.

Délits sur les rivières navigables.

*III.* Les délits commis sur les rivières, savoir :

Par les mariniers et autres préposés.

1°. Les adjudicataires, mariniers et autres personnes employées au service des bacs, qui ne se conformeroient pas aux lois de police administrative et de sûreté, concernant les bacs et bateaux sur les fleuves, rivières et canaux navigables. *Lo du 6 frimaire, an 7, art. 51. B. 246, n°. 2218*, ou qui exigeroient de plus fortes sommes que celles portées au tarif. *Art. 52.*

Par les personnes qui se soustrairoient au droit.

2°. Les personnes qui se soustrairoient au paiement des sommes portées au tarif des droits de bacs. *Art. 56.*

Par ceux qui favoriseroient les fraudes ou contraventions.

3°. Les personnes qui auroient aidé et favorisé la fraude, ou concouru à des contraventions aux loix sur les bacs. *Art.* 58. V. BAC.

VII.

Irrespect à l'audience.

Les citoyens qui assistent aux audiences des tribunaux de police, doivent se tenir découverts dans le respect et le silence. Tout ce que le président ordonne pour le maintien de l'ordre, est exécuté à l'instant même. *Cod. des délits, etc. Art.* 555.

Si un ou plusieurs assistans interrompent le

silence, donnent des signes publics d'approbation ou d'improbation, soit à la défense des parties, soit au jugement, causent ou excitent du tumulte de quelque manière que ce soit, et si après l'avertissement de l'huissier, ils ne rentrent pas dans l'ordre sur-le-champ, le président leur enjoindra de se retirer ; en cas de refus d'obéir à cette injonction, les réfractaires seront saisis aussi-tôt, et déposés, sur le seul ordre du président, dans la maison d'arrêt, où ils demeureront vingt-quatre heures. *Art. 556.* Cet ordre doit être signé et scellé par le juge de paix, il énoncera le nom du prévenu, sa profession et son domicile, s'il est connu, le sujet de son arrestation, et la loi qui autorise le juge de paix à l'ordonner. A défaut de quelqu'une de ces formalités, il est nul ; et aucun gardien de maison d'arrêt ne peut recevoir le prévenn sous peine d'être poursuivi comme fauteur et complice de détention arbitraire. *Art. 71 et 556.* Si quelqne mauvais citoyen osoit outrager les juges, commissaire du pouvoir exécutif, greffier ou huissier dans l'exercice de leurs fonctions, le président fera à l'instant saisir les coupables, et les fera déposer dans la maison d'arrêt ; l'ordre qu'il donnera à cet effet sera conçu de la manière prescrite par l'article 71. Dans les vingt-quatre heures suivantes, le tribunal les condamnera, par forme de punition correctionnelle, à un emprisonnement qui ne pourra excéder huit jours. *Art. 557.* Si les outrages, par leur nature, ou les circonstances, méritent une peine plus forte, les prévenus seront renvoyés à subir, devant les officiers compétens, les épreuves de l'instruction correctionnelle ou criminelle. *Art. 558.*

VIII. *Délits qui ne sont pas de la compétence des tribunaux de police.* Ne sont pas de la compétence des tribunaux de police, tous les délits dont la peine est une amende au-dessus de la valeur de trois journées de travail, ou d'un emprisonnement de plus de trois jours. *Art. 601.*

Ces délits sont :

*Délits contre les bonnes mœurs.* 1°. Ce qui est contre les bonnes mœurs, tel que d'avoir attenté publiquement aux mœurs par outrage à la pudeur des femmes, par actions déshonnêtes, par exposition ou vente d'images obscènes ; d'avoir favorisé la débauche, ou corrompu les jeunes gens de l'un ou l'autre sexe. *Loi du 22 juillet 1791, tit. 2, art. 7 et 8.*

*Contre le culte.* 2°. Les troubles apportés publiquement à l'exercice d'un culte religieux quelconque, tel que d'avoir outragé les objets de ce culte, soit dans un lieu public, soit dans les lieux destinés à l'exercice de ce culte, ou ses ministres en fonction, ou interrompu, par un trouble public, les cérémonies religieuses de quelque culte que ce soit. *art. 7 et 9.*

*Insultes et violences graves.* 3°. Les insultes et les violences graves envers les personnes. *art. 7.*

*Tranquillité publique troublée.* 4°. Les troubles apportés à l'ordre social et à la tranquillité publique, par la mendicité, par les tumultes, par les attroupemens ou autres délits. *Même art.*

*Atteintes portées à la propriété.* 5°. Les atteintes portées à la propriété des citoyens, par dégâts commis dans les bois, violation de clôture, de murs, haies et fossés, quoique non suivis de vol, larcins, ou simple vol, escroqueries, ouvertures de maison de jeu où le public est admis ; la falsification des boissons par des mixtions nuisibles ; marchands ou tous autres vendeurs convaincus d'avoir trompé, soit sur le titre des matières d'or ou d'argent, soit sur la qualité d'une pierre fausse vendue pour fine, *art. 7, 31, jusqu'à 39.*

6°. Les administrateurs municipaux feront dans les campagnes la visite des fours et cheminées, et ordonneront la démolition de ceux qui se trouveroient dans un état de délâbrement, qui pourroit occasionner un incendie ou d'autres accidens; il pourra y avoir lieu à une amende au moins de six francs, et au plus de vingt-quatre francs. *Cod. rur. du 28 septembre 1791, tit. 2, art. 9.*

Délâbrement des fours et cheminées dans les campagnes.

7°. Ceux qui détruiront les greffes des arbres fruitiers ou autres, et ceux qui écorceront ou couperont, en tout ou en partie, des arbres sur pied, qui ne leur appartiendront pas. *Art. 14.*

Détériorations des arbres.

Quiconque aura coupé ou détérioré des arbres plantés sur les routes. *Art. 43.*

8°. Quiconque sera convaincu d'avoir dévasté des récoltes sur pied, ou abattu des plants venus naturellement, ou faits de main d'homme. *Art. 29.*

Dévastation de récoltes sur pied.

9°. Avoir, de dessein prémédité, méchamment, sur le territoire d'autrui, blessé ou tué des bestiaux, ou chiens de garde. *Art. 30.*

Avoir blessé ou tué du bétail ou chiens.

10°. Toute rupture ou destruction d'instrumens de l'exploitation des terres, qui aura été commise dans les champs ouverts. *Art. 31.*

Rupture d'instrumens aratoires.

11°. Le déplacement ou la suppression des bornes ou pieds-corniers, ou autres arbres plantés, ou reconnus pour établir les limites entre différens héritages. *Art. 32.*

Déplacement de bornes.

12°. Celui qui, sans la permission du propriétaire ou fermier, enlevera des fumiers, de la marne, ou tous autres engrais portés sur les terres, et les a fait tourner à son profit. *Art. 33.*

Enlèvement des engrais.

Vol de récolte fait avec panier.

13°. Vol de récolte fait avec des paniers ou des sacs, ou à l'aide des animaux de charge. *Art. 35.*

Vol de bois.

14°. Le maraudage ou enlévement de bois, fait à dos d'homme, dans les bois taillis ou futaies, ou autres plantations d'arbres des particuliers ou communautés. *Art. 36.*

Le vol dans les bois taillis, futaies et autres plantations d'arbres des particuliers ou communautés, exécuté à charge de bête de somme ou de charette. *Art. 37.*

Dégât fait dans les bois par le bétail.

15°. Les dégâts faits dans les bois taillis des particuliers ou des communautés, par les bestiaux ou troupeaux. *Art. 38.*

Et autres délits.

16°. Tous les délits mentionnés dans l'ordonnance des eaux et forêts de 1669, les lois des 19 juillet et 20 septembre 1791, celle du 20 messidor de l'an 3, et autres qui prononcent des peines plus fortes que des amendes égales à la valeur de trois journées de travail, ou trois jours d'emprisonnement, sont de la compétence des tribunaux correctionnels. *Code des délits, art. 601 et 609.*

# CONTRAINTE POUR LES CONTRIBUTIONS.

Le commissaire du département fera, sur l'état des contribuables en retard qui lui sera remis par le commissaire du directoire près l'administration municipale, expédier des projets de contrainte qu'il présentera à l'administration départementale, pour être par elle examinés, approuvés et rendus exécutoires lorsqu'elle les croira justes. Le commissaire du département les fera alors repasser à celui près l'administration municipale qui les remettra à cette administration, pour être par elle mis à exécution. Celui-ci surveillera cette exécution et toutes les suites qu'elle pourra avoir (1). I. Forme de contraintes.

Lorsque les huissiers ou autres qui auront été chargés des contraintes auront rédigé leurs bulletins des frais, ils les adresseront à l'administration municipale qui les communiquera au commissaire établi près d'elle. Celui-ci donnera son avis : l'administration municipale réglera les frais, et fera passer le tout à l'administration départementale qui fixera définitivement les frais sur l'avis du commissaire du département. *Instruction du 22 brumaire, an 6. B. 157. n°. 1546.*

Ne pourront être saisis pour les contribu- II. Objets non saisissables.

(1) Ces dispositions seroient-elles changées par les art. 148 et 149 de la loi du 3 frimaire, an 7, qui chargent les percepteurs de faire les poursuites, et les rend responsables de leur négligence à cet égard? V. PERCEPTION DES CONTRIBUTIONS, N°. VII.

tions arriérées, les lits et vêtemens nécessaires, pain et pot au feu, les portes, fenêtres, les animaux de trait servant au labourage, les harnois et instrumens servant à la culture, ni les outils et métiers à travailler. *Loi du 2 octobre 1791, art. 16.*

Il sera laissé au contribuable en retard, une vache à lait ou une chêvre, à son choix, ainsi que la quantité de grains ou graines nécessaire à l'ensemencement ordinaire des terres qu'il exploite; les abeilles, les vers à soie, les feuilles de muriers ne sont saisissables que dans les temps déterminés par les décrets sur les biens en usages ruraux. Les porteurs de contrainte qui contreviendront à ces dispositions, seront condamnés à 100 fr. d'amende. *Même article.*

III. Protection due aux porteurs de contraintes.

Les administrations municipales donneront assistance et protection aux porteurs de contraintes, et en cas de refus, ceux-ci dresseront un procès-verbal qu'ils enverront à l'administration centrale, lequel, après en avoir donné communication aux administrateurs municipaux, prononcera s'il y a lieu contre eux la responsabilité solidaire du montant total de l'arriéré des contributions fonciere et personnelle. *Article 22.*

IV. Cas de rébellion.

En cas de rébellion, le porteur de contrainte en dressera procès-verbal qu'il fera viser par un administrateur municipal ou le commissaire du directoire exécutif, et l'enverra sur-le-champ à l'administration municipale; le commissaire du directoire exécutif dénoncera les faits à l'accusateur public ou au directeur du jury. *Art. 23.* V. PERCEPTION DES CONTRIBUTIONS.

# CONTRIBUTION FONCIÈRE.

La répartition de l'imposition foncière est faite par égalité proportionnelle sur toutes les propriétés foncières, à raison de leur revenu net imposable, sans autres exceptions que celles déterminées ci-après, pour l'encouragement de l'agriculture, ou pour l'intérêt général de la société. *L. du 3 frimaire, an 7, art. 2, B. 243, n°. 2197.* Le revenu net des terres est ce qui reste au propriétaire, déduction faite sur le produit brut, des frais de culture, semence, récolte et entretien. *Art. 3.* Le revenu imposable est le revenu net moyen, calculé sur un nombre d'années déterminé. *Art. 4.* — I. Quel revenu est soumis à l'impôt ?

Lorsqu'il s'agira d'évaluer le revenu imposable de terres labourables, soit actuellement cultivées, soit incultes, mais susceptibles de ce genre de culture, les répartiteurs s'assureront d'abord de la nature des produits qu'elles peuvent donner, en s'en tenant aux cultures généralement usitées dans la commune, telles que froment, seigle, orge et autres grains de toutes especes, lin, chanvre, tabac, plantes oléagineuses, à teinture, &c. Ils supputeront ensuite quelle est la valeur du produit brut ou total qu'elles peuvent rendre année commune, en les supposant cultivées sans travaux ni dépenses extraordinaires, mais selon la coutume du pays avec les alternats et assolemens d'usage, et en formant l'année commune sur quinze années antérieures, moins les deux plus fortes et les deux plus foibles. Les années de la circulation du papier-monnoie, à partir du 1er. janvier 1791 (v. st.), ne compteront — II. Pour les terres. Terres labourables.

point. *Art. 56.* L'année commune du produit brut de chaque article de terre labourable étant déterminée, les répartiteurs feront déduction sur ce produit des frais de culture, semence, récolte et entretien; ce qui en restera formera le revenu net imposable, et sera porté comme tel sur les états de sections. *L. du 3 frimaire, an 7, art. 57. B. 243, n°. 2197.*

Jardins potagers.

Les jardins potagers seront évalués d'après le produit de leur location possible, année commune, en prenant cette année commune sur quinze, comme pour l'évaluation du revenu des terres labourables. Ils ne pourront dans aucun cas être évalués au-dessous du taux des meilleures terres labourables de la commune. *Art. 58.*

Jardins d'agrémens, &c.

L'évaluation du revenu imposable des terreins enlevés à la culture pour le pur agrément, tels que parterres, pièces d'eau, avenues, &c. sera portée au taux de celui des meilleures terres labourables de la commune. *L. du 3 frimaire, an 7, art. 59. B. 243, n°. 2197.*

Enclos.

Les terreins enclos seront évalués d'après les mêmes règles et dans les mêmes proportions que les terreins non-enclos d'égale qualité et donnant le même genre de productions. On n'aura égard dans la fixation de leur revenu imposable, ni à l'augmentation de produit qui ne seroit évidemment que l'effet des clôtures, ni aux dépenses d'établissement et d'entretien de ces clôtures qu'elles qu'elles puissent être. *Art. 77.* Si un enclos contient différentes natures de biens, telles que bois, prés, terres labourables, jardins, vignes, étangs, &c. chaque nature de bien sera évaluée séparément, de la même manière que si le terrein n'etoit point enclos. *Art. 78.*

L'évaluation du revenu imposable des terreins connus sous le nom de *pâtis*, *palus*, *marais*, *bas prés*, et autres dénominations quelconques, qui par la qualité inférieure de leur sol ou par d'autres circonstances naturelles, ne peuvent servir que de simples pâturages, sera faite d'après le produit que le propriétaire seroit présumé pouvoir en obtenir année commune selon les localités, soit en faisant consommer la pâture, soit en les louant sans fraude à un fermier auquel il ne fourniroit ni bestiaux ni bâtimens, et déduction faite des frais d'entretien. *Art.* 64. Pâtis.

Les terres vaines et vagues, les bandes et bruyères et les terreins habituellement inondés ou dévastés par les eaux, seront assujettis à la contribution fonciere, d'après leur produit net moyen, quelque modique qu'il puisse être; mais dans aucun cas leur cotisation ne pourra être moindre d'un décime par hectare. *Art.* 65. Terres vagues.

Les particuliers ne pourront s'affranchir de la contribution à laquelle les fonds désignés en l'article précédent devroient être soumis, qu'en renonçant à ces propriétés au profit de la commune dans laquelle elles sont situées. La déclaration détaillée de cet abandon perpétuel sera faite par écrit au secrétariat de l'administra- municipale, par le propriétaire ou par un fondé de pouvoir spécial. Les cotisations des objets ainsi abandonnés, dans les rôles faits antérieurement à l'abandon, resteront à la charge de l'ancien propriétaire. *Art.* 66.

III. Pour les vignes.

Lorsqu'il s'agira d'évaluer le revenu net imposable des vignes, les répartiteurs supputeront d'abord quelle est la valeur du produit brut ou total qu'elles peuvent rendre année commune, en les supposant cultivées sans travaux ni dépenses extraordinaires, mais selon la coutume du pays, en formant l'année commune sur quinze, comme pour les terres labourables. *Art. 60.* L'année commune du produit brut des vignes étant déterminée, les répartiteurs feront déduction sur ce produit brut, des frais de culture, de récolte, d'entretien, d'engrais et de pressoir. Ils déduiront en outre un quinzieme de ce produit, en considération des frais de dépérissement annuel, de replantation partielle, et des travaux à faire pendant les années où chaque nouvelle plantation est sans rapport. Ce qui restera du produit brut après ces déductions, formera le revenu net imposable, et sera porté comme tel aux états de sections. *L. du 3 frimaire, an 7, art. 61. B. 243, nº. 2197.*

IV. Pour les prés. Prairies naturelles.

Le revenu imposable des prairies naturelles, soit qu'on les tienne en coupes régulieres ou qu'on en fasse consommer les herbes sur pied, sera calculée d'après la valeur de leur produit, année commune, prise sur quinze, comme pour les terres labourables, déduction faite sur ce produit, des frais d'entretien et de récolte. *Art. 62.*

Prairies artificielles.

Les prairies artificielles ne seront évaluées que comme les terres labourables, d'égale qualité. *Art. 63.*

V. Pour les bois.

L'évaluation des bois en coupes réglées sera faite d'après le prix moyen de leurs coupes annuelles, déduction faite des frais d'entretien, de garde et de repeuplement. *Art. 67.* L'évaluation des bois taillis qui ne sont pas en coupes réglées, sera faite d'après leur comparaison avec les autres bois de la commune ou du canton. *Art. 68.* Tous les bois au-dessous de l'âge de trente ans seront réputés taillis, et seront évalués conformément aux dispositions des deux articles précédens. *Art.* 69. Les bois âgés de trente ans ou plus, et non aménagés en coupes réglées seront estimés à leur valeur au temps de l'estimation, et cotisés jusqu'à leur exploitation comme s'ils produisoient un revenu égal à deux et demi pour cent de cette valeur. *Art.* 70. L'évaluation du revenu des forêts en futaie, aménagée ou non en coupes réglées, lorsqu'elles s'étendront sur le territoire de plusieurs communes d'un canton, sera faite par l'administration municipale du canton, et le montant de l'évaluation sera porté aux états de sections et matrices des rôles de chaque commune, en proportion de l'étendue qui sera sur son territoire. *Art.* 71. L'évaluation du revenu des forêts en futaie, aménagées ou non en coupes réglées, lorsqu'elles s'étendront sur le territoire de plusieurs cantons d'un même département, sera faite par l'administration centrale du département, et le montant de cette évaluation porté aux états de sections et matrices des rôles de chaque commune en proportion de l'étendue qui sera sur son territoire. *Art.* 72. Le revenu des forêts qui s'étendront sur plusieurs départemens, sera évalué séparément dans chaque département. *L. du 3 frimaire, an 7, art. 73. B. 243, n°. 2197.*

Terreins où se trouvent quelques arbres forestiers.

Les répartiteurs n'auront égard dans l'évaluation du revenu imposable des terreins sur lesquels se trouvent des arbres forestiers épars ou en simple bordure, ni à l'avantage que le propriétaire peut tirer de ces arbres, ni à la diminution qu'ils apportent dans la fertilité du sol qu'ils ombragent. *Art.* 74.

VI.

Pour les tourbières.

Lorsqu'un terrein sera exploité en tourbière on évaluera pendant les dix années qui suivront le commencement du tourbage, son revenu au double de la somme à laquelle il étoit évalué l'année précédente. *L. du 3 frimaire, an 7, art. 75. B. 243, n°. 2197.*

Il sera fait note sur chaque rôle et matrice de rôle, de l'année où doit finir ce doublement d'évaluation. Après ces dix années, ces terreins seront cotisés comme les autres propriétés. *Art. 76.*

VII. Pour les étangs. Le revenu imposable des étangs permanens sera évalué d'après le produit de la pêche, année commune, formée sur quinze, moins les deux plus fortes et les deux plus foibles, sous la déduction des frais d'entretien, de pêche et de repeuplement. *Art. 79.* L'évaluation du revenu imposable des terreins alternativement en étang et en culture, sera combinée d'après ce double rapport. *Art. 80.*

VIII. Pour les canaux. Lorsqu'il s'agira d'évaluer le revenu imposable d'un canal de navigation, le propriétaire fera au secrétariat de l'administration municipale ou centrale, qui devra faire l'évaluation, une déclaration détaillée des revenus et charges dudit canal. *Art. 89.* L'administration s'assurera, tant d'après cette déclaration que d'après les autres renseignemens qu'elle aura pu se procurer, du produit brut ou total dudit canal : elle s'assurera pareillement de la réalité des charges et fera déduction du montant de celle-ci sur le produit brut ; ce qui restera de ce produit formera le revenu imposable. *Art. 90.* Le revenu imposable des canaux qui traversent une ou plusieurs communes d'un même canton, sera évalué par l'administration municipale du canton. Il sera divisé pour chaque commune, si le canal en traverse plusieurs, en proportion de la longueur du canal sur le territoire de chacune. L'administration municipale en fixera la contribution au taux moyen de celle qui sera supportée par les autres propriétés du canton. Cette fixation sera faite en même temps que le répartement de la contribution foncière entre les diverses communes. *Art.* 91. Les administrations municipales des communes de cinq mille habitans et au-delà, feront pareillement l'évaluation du revenu imposable des canaux de navigation qui ne traverseront que le territoire de la commune. Elles en fixeront la contribution au taux moyen de celle qui sera supportée par les autres propriétés de la commune. *Art.* 92. Le revenu imposable des canaux qui traversent plusieurs cantons d'un même département, sera évalué par l'administration centrale du département. Il sera divisé pour chaque canton et pour chaque commune ayant pour elle seule une administration municipale, en proportion de la longueur du canal sur le territoire de chacun, et subdivisé ensuite par chaque administration municipale de canton pour la portion le concernant, entre les diverses communes de son arrondissement. *Art.* 93. Quant aux canaux qui traversent plusieurs départemens, chaque administration centrale de département évaluera les revenus et les charges du canal sur son territoire : elles se communiqueront le résultat de leurs évaluations ; et le total du revenu imposable sera réparti en proportion de la longueur du canal sur le territoire de chaque département, et subdivisé ensuite par chaque administration centrale entre les cantons et les communes, ayant pour elles seules une administration municipale, et par les administrations de canton entre les communes de leur arrondissement. *Art.* 94. Seront compris dans l'évaluation des charges des canaux de navigation, l'indemnité pour le dépérissement des diverses constructions et ouvrages d'art, et les frais d'entretien et de réparations, tant du canal que des réserves d'eau, chemins de halage, berges et francs-bords qui ne produisent aucun revenu. *Art.* 95. Les moulins, fabriques et autres usines construits sur les canaux, les plantations et autres natures de biens qui avoisinent les canaux et appartiennent aux mêmes propriétaires, ne seront point compris dans l'évaluation générale du revenu du canal, mais resteront soumis à toutes les règles fixées pour les autres biens-fonds. *L. du 3 frimaire, an 7, art. 96. B.* 243, *n°.* 2197.

IX. Pour les mines et carrières.

Les mines ne seront évaluées qu'à raison de la superficie du terrein occupé pour leur exploitation et sur le pied des terreins environnans. Il en sera de même pour les carrières. *Art.* 81.

X. Pour les maisons.

Maisons d'habitation.

Le revenu net imposable des maisons d'habitation, en quelque lieu qu'elles soient situées, soit que le propriétaire les occupe, ou qu'il les fasse occuper par d'autres à titre gratuit ou onéreux, sera déterminé d'après leur valeur locative, calculée sur dix années, sous la déduction d'un quart de cette valeur locative, en considération du dépérissement et des frais d'entretien et de réparations. *Art.* 82. Aucune maison d'habitation occupée, comme il est dit en l'article précédent, ne pourra être cotisée, quelle que soit l'évaluation de son revenu, au-dessous de ce qu'elle le seroit à raison du terrein qu'elle enlève à la culture, évalué sur le pied du double des meilleures terres labourables de la commune, si la maison n'a qu'un rez-de-chaussée; du triple, si elle a un étage au-dessus rez-de-chaussée, et du quadruple si elle en a plusieurs. Le comble ou toiture, de quelque manière qu'il soit disposé, ne sera point compté pour un étage. *Art.* 83. Les maisons qui auront été inhabitees pendant toute l'année, à partir du premier vendémiaire, seront cotisées seulement à raison du terrein qu'elles enlévent à la culture, évalué sur le pied des meilleures terres labourables de la commune. *L. du 3 frimaire, an 7, art.* 84. *B.* 243, *n°.* 2197.

Bâtimens d'exploitation.

Les bâtimens servant aux exploitations rurales, tels que granges, écuries, greniers, caves, celliers, pressoirs et autres, destinés, soit à loger les bestiaux des fermes et métairies, ou à serrer les récoltes, ainsi que les cours desdites fermes ou métairies, ne seront soumis à la contribution foncière qu'à raison du terrein qu'ils enlévent à la culture, évalué sur le pied des meilleures terres labourables de la commune. *Art.* 85. Lorsqu'il n'y aura point de terres labourables dans une commune, l'évaluation dont il s'agit aux trois articles précédens, sera faite sur le pied des meilleures terres labourables de la commune voisine. *Art.* 86.

Fabriques, usines.

Le revenu net imposable des fabriqnes, manufactures, forges, moulins et autres usines, sera déterminé d'après leur valeur locative, calculée sur dix années, sous la deduction d'un tiers de cette valeur, en considération du dépérissement et des frais d'entretien et de réparations. *Art* 87.

Bâtimens nouvellement construits.

Les maisons, les fabriques et manufactures, forges, moulins et autres usines nouvellement construits, ne seront soumis à la contribution foncière que la troisième année après leur construction. Le terrein qu'ils enlévent à la culture, continuera d'être cotisé jusqu'alors comme il l'étoit avant. Il en sera de même pour tous autres edifices nouvellement construits ou reconstruits ; le terrein seul sera cotisé pendant les deux premières années. *L. du 3 frimaire, an 7, art. 88. B. 243, n°. 2197.*

Révision de l'évaluation des maisons, etc.

L'évaluation du revenu imposable des maisons et usines, sera revisée et renouvellée tous les dix ans. *Art. 102.*

XI.

On ne doit pas avoir égard aux aux prestations dont les fonds sont grevés.

L'évaluation du revenu imposable, et la cotisation des propriét s foncières de toute nature, seront faites sans avoir égard aux rentes constituées, ou frontières et autres prestations dont elles se trouveroient grevées, sauf aux propriétaires à s'indemniser par des retenues et dans des cas y déterminés. *Art. 97.*

XII.

Modification de l'imposition.

Fn faveur des marais desséchés.

La cotisation des marais qui seront desséchés, ne pourra être augmentée pendant les vingt-cinq premières années après le desséchement. *Art. 111.*

En faveur des terres vaines cultivées.

La cotisation des terres vaines et vagues depuis quinze ans, qui seront mises en culture, autres que celles désignées en l'article 114, ne pourra être augmentee pendant les dix premières années après le défrichement. *Art. 112.* La cotisation des terres en friche depuis dix ans, qui seront plantées ou semées en bois, ne pourra être augmentée pendant les trente premières annees du sémis ou de la plantation. *Art. 113.* La cotisation des terres vaines et vagues, ou en friche dèpuis quinze ans, qui seront plantées en vignes, mûriers ou autres arbres fruitiers, ne pourra être augmentée pendant les vingt premières années de la plantation. *Art. 114.*

Terrein en valeur, planté en vignes, arbres ou bois.

Le revenu imposable des terreins déjà en valeur, qui seront plantés en vignes, mûriers ou autres arbres fruitiers, ne pourra être évalué, pendant les quinze premières années de la plantation qu'au taux de celui des terres d'égale valeur, non plantées. *Art.* 115. Le revenu imposable des terreins maintenant en valeur, qui seront plantés ou semés en bois, ne sera évalué, pendant les trente premières années de la plantation ou du semis, qu'au quart de celui des terres d'égale valeur, non plantées. *L. du 3 frimaire, an 7, art. 116. B. 243, n°. 2197.*

Formalité pour jouir des avantages ci-dessus.

Pour jouir de ces divers avantages, et à peine d'en être privé, le propriétaire sera tenu de faire au secrétariat de l'administration municipale, dans le territoire de laquelle les biens sont situés, avant de commencer les dessèchemens, défrichemens et autres améliorations, une déclaration détaillée des terreins qu'il voudra ainsi améliorer. *Art.* 117. Cette déclaration sera reçue par le secrétaire de l'administration municipale, sur un registre ouvert à cet effet, coté, paraphé, daté et signé comme celui des mutations; elle sera signée, tant par le secrétaire que par le déclarant ou son fondé de pouvoir. *Art.* 118. Dans la décade qui suivra la déclaration, l'administration municipale chargera l'agent municipal de la commune, ou son adjoint, ou un officier municipal dans les communes de cinq mille habitans et au-delà, d'appeller deux des répartiteurs, de faire avec eux la visite des terreins déclarés, de dresser procès-verbal de l'état présent, et de le communiquer, ainsi que la déclaration aux autres répartiteurs. Ce procès-verbal sera affiché pendant deux décades, tant dans la commune de la situation des biens, qu'au chef-lieu du canton : il sera rédigé sans frais et sur papier non timbré. *Art.* 119. Il sera libre aux répartiteurs et à tous autres contribuables de la commune, de contester la déclaration, et même de faire à l'administration municipale des observations sur le procès-verbal de l'état présent des terreins ; et si la déclaration ne se trouve pas sincère, l'administration prononcera que le déclarant n'a pas droit aux avantages précites. Si, au contraire, la sincérite de la déclaration est reconnue, l'administration municipale arrêtera que le propriétaire a droit de jouir de ces avantages. On pourra dans tous les cas recourir à l'administration centrale du département, qui réformera, s'il y a lieu, l'arrêté de l'administration municipale. *Art. 120.* Les terreins précédemment desséchés ou defrichés, ou plantés en vignes, ou en bois, ou autrement améliorés, qui jouissent de quelque exemption ou modération de contribution en vertu des lois antérieures à la présente, continueront d'en jouir jusqu'au temps où cette exemption ou modération devoit cesser. *L. du 3 frimaire, an 7, art. 121. B. 243, n°. 2197.*

En faveur des canaux desservant des usines.

Les canaux destinés à conduire les eaux à des moulins, forges ou autres usines, ou à les détourner pour l'irrigation, seront cotisés, mais à raison de l'espace seulement qu'ils occupent, et sur le pied des terres qui les bordent. *Art. 104.*

En faveur des canaux nouvellement ouverts.

Les canaux de navigation ne seront cotisés pendant les trente années qui suivront celle où la navigation aura commencé, qu'à raison du sol occupé par le canal, par les réserves d'eau, chemins de halage et francs bords, et sur le pied des terres qui les bordent. Les canaux existans qui jouissent de quelque exemption ou modération de contravention, en vertu des lois antérieures à la présente, continueront d'en jouir jusqu'au temps où cette exemption ou modération devoit cesser. *Art. 122.*

Sur chaque matrice de rôle de la contribution foncière, à l'article de chacune des propriétés qui jouissent ou jouiront de quelques exemptions ou modérations temporaires données pour l'encouragement de l'agriculture, il sera fait mention de l'année où ces propriétés doivent cesser d'en jouir. *L. du 3 frimaire, an 7, art. 123. B.243, nº. 2197.*

Mention du temps où ces avantages doivent cesser.

XIII.

Propriétés publiques.

Les rues, les places publiques servant aux foires et marchés, les grandes routes, les chemins publics vicinaux et les rivières ne sont point cotisables. *Art. 103.*

Rues, rivières, &c.

Domaines nationaux.

Les domaines nationaux non productifs, exceptés de l'aliénation ordonnée par les lois, et réservés pour un service national, tels que les arsenaux, magasins, casernes, fortifications et autres établissemens dont la destination a pour objet l'utilité générale, ne seront portés aux états de section et matrices de rôles, que pour *mémoire*, ils ne seront point cotisés. *Art. 105.* Les domaines nationaux non productifs, déclarés aliénables par les lois, tels que ci-devant églises non louées, tours, châteaux abandonnés ou en ruine, et autres semblables, seront compris, désignés et évalués aux états de sections et matrices de rôle, en la même forme et sur le même pied que les propriétés particulières de même nature; mais ils ne seront point cotisés tant qu'ils n'auront point été vendus ou loués. *Art. 106.* La cote de contribution des domaines nationaux productifs exceptés de l'aliénation, tels que les forêts, les salines, canaux, etc., ne pourra surpasser en principal le cinquième de leur produit net effectif, résultant des adjudications ou locations légalement faites, ou autre quotité de ce même produit, selon la proportion générale de la contribution foncière avec les revenus territoriaux. En cas de plus forte cotisation, la régie en poursuivra le remboursement contre les communes de la situation des biens. *Art. 107.* Les domaines nationaux productifs, déclarés aliénables, seront évalués et cotisés comme les propriétés particulières de même nature et d'égal revenu. En cas de surtaxe, la régie poursuivra le dégrèvement, soit d'office, soit sur la dénonciation du fermier, en la forme ordinaire. *L. du 3 frimaire, an 7, art. 108. B. 234, n°. 2197.*

Propriétés communales.

La contribution foncière due par les propriétés appartenant aux communes, et par les marais et terres vaines et vagues, situés dans l'étendue de leur territoire, qui n'ont aucun propriétaire particulier, ou qui auront été légalement abandonnés, sera supportée par les communes, et acquittée par elles. Il en sera de même des terreins connus sous le nom de *biens communaux*, tant qu'ils n'auront point été partagés. La contribution due par des terreins qui ne seroient communs qu'à certaine portion des habitans d'une commune, sera acquittée par ces habitans. *Art. 109.*

Propriétés des établissemens publics.

Les hospices et autres établissemens publics acquitteront la contribution assise sur leurs propriétés foncières de toute nature en principal et centimes additionnels. *Art. 110.*

## CONTRIBUTIONS PERSONNELLE, MOBILIAIRE ET SOMPTUAIRE, POUR L'AN SEPT.

---

Les citoyens peuvent être assujettis à quatre espèces de cote pour l'an 7, 1°. cote personnelle ; 2°. cote mobiliaire ; 3°. cote somptuaire ; 4°. cote par retenue du vingtième sur les salaires et traitemens publics. *Loi du 3 nivôse, art. 1. B. 250, n°. 2269.* I. Les citoyens peuvent être assujétis à quatre espèces de cotes.

La contribution personnelle consiste en une cote de la valeur de trois journées de travail. Elle est établie sur chaque habitant de tout sexe, domicilié dans la commune depuis un an, jouissant de ses droits et qui ne seroit pas réputé indigent. *L. du 3 nivôse, art. 20. B. 250, n°. 2270.* II. Cote personnelle.

La contribution est établie au marc le franc sur la valeur du loyer d'habitation personnelle de chaque habitant déjà porté à la contribution personnelle. *Art. 21.* III. Cote mobiliaire.

La contribution somptuaire sera perçue à raison 1°. des domestiques, hommes et femmes, âgés de moins de soixante ans. *Loi du 3 nivôse, an 7, art. 6. B. 250, n°. 2269.* Ne sont point compris dans la taxe, les domestiques, hommes ou femmes employés à l'agriculture, ni ceux qui ne sont point employés à gages au service de la personne et du ménage. *Art. 14.* 2°. Des chevaux et mulets de luxe, de selle, de carosse, de cabriolet et de litiere. *Art. 7 et 9.* Ne sont pas réputés chevaux ou mulets de luxe, les chevaux que tiennent les militaires jusqu'à concurrence du nombre attribué à leurs grades ; ceux des fonc- IV. Cote somptuaire.

12

tionnaires auxquels la loi accorde des rations pour l'entretien des chevaux nécessaires à leur service ; ceux qui sont employés habituellement à l'agriculture, au roulage, aux manufactures, moulins et usines, au transport des denrées et des comestibles ; ceux des voitures publiques et des postes ; ceux des marchands de chevaux et des loueurs de chevaux, patentés ; les étalons et jumens poulinières ; enfin les chevaux au-dessous de quatre ans. *Art.* 15.

3°. Des voitures de luxe. *Art.* 7. Ne sont pas réputées voitures de luxe, celles destinées et employées aux entreprises de voitures publiques, et celles des carossiers et loueurs de voitures, patentés. *Art.* 16.

La taxe pour les domestiques, hommes, sera,

| | | |
|---|---|---|
| Le premier de . . . . . . . . . | 6 f. | c. |
| Le second de . . . . . . . . . | 25 | |
| Le troisieme de . . . . . . . . | 75 | |
| Pour chacun des autres . . . . | 100 | |

Pour les domestiques, femmes,

| | | |
|---|---|---|
| La première de . . . . . . . . | 1 | 50 |
| La seconde et les autres de . . . | 3 | |

*Art.* 8.

Pour les chevaux et mulets, la taxe variera à raison de la population des communes :

| | Deux mille habitans et au-dessous | deux mille à dix mille | dix mille à cinquante mille | cinquante mille et au-dessus |
|---|---|---|---|---|
| Pour le 1er | 6 f. | 10 f. | 15 f. | 25 f. |
| Pour le 2e. | 15 | 20 | 30 | 50 |
| Pour le 3e. | | | | |
| Et les autres | 25 | | | |

*Art.* 9, 10, 11 et 12.

Pour les voitures et litières de luxe :.

Voiture à deux roues et suspendue et litière. . . . . . 50 f.

Voiture à quatre roues et suspendue . . . . . . . . . . . 100

*Art.* 13.

V. Cote sur les salaires publics.

Tous fonctionnaires publics, employés, commis et autres salariés des deniers publics, tant de ceux provenant de la trésorerie que des centimes additionnels, et de toute autre caisse publique, sont, pour leurs traitemens, salaires et remises, assujettis à une contribution mobiliaire qui se fera par retenue de cinq centimes pour franc. La diteretenue sera exempte de centimes additionnels. *Art* 5.

VI. Où ces taxes sont exigibles.

La contribution personnelle et mobiliaire ne sera payable et exigible qu'au lieu du domicile du contribuable. *L. du 3 nivôse, art.* 29. *B.* 250, *n°.* 2270. La contribution somptuaire sera exigible dans les lieux où existeront les objets de luxe. *Art.* 38. Tout possesseur d'objet de luxe sera tenu de justifier, dans la commune où il transféreroit lesdits objets de luxe, qu'il a payé la taxe de luxe dans la commune où ils ont été cotisés. *Art* 39.

VII. Dans quel lieu les fonctionnaires doivent être imposés.

Les représentans du peuple et les fonctionnaires publics, obligés pour remplir leurs fonctions de sortir temporairement de leur résidence ordinaire, ne doivent pas être compris sur les rôles des contributions personnelles et mobiliaires, mais seulement dans celles de leur ancien domicile où ils continuent d'acquitter les charges publiques. *D. du 8 septembre* 1793.

V. TAXE DE GUERRE.

# CONTRIBUTION DES PORTES ET FENÊTRES, POUR L'AN SEPT.

Cette contribution est établie sur les portes et fenêtres donnant sur les rues, cours ou jardins des bâtimens et usines, sur tout le territoire de la république et dans les proportions ci-après. *L. du 4 frimaire, an 7, art. 2. B. 242, n°. 2195.* Les portes et fenêtres dans les communes au-dessous de cinq mille ames paieront . . . . . . . . . . . . . . f. 40 c. 1.

Portes et fenêtres sujettes à l'impôt.

| | | |
|---|---|---|
| De cinq à dix mille . . . . . | | 50 |
| De dix à vingt-cinq mille . . . | | 60 |
| De vingt-cinq à cinquante mille. | | 80 |
| De cinquante à cent mille. . . | 1 | |
| De cent mille ames et au-dessus. | 1 | 20 |

*Art. 3, et loi du 18 ventôse, an 7, art. 2. B. 264, n°. 2615.*

Les ouvertur s des habitations qui n'ont qu'une porte et une fenêtre, ne paieront que moitié de cette taxe. *L. du 18 vent an 7, art. 3.*

Les portes cochères et charretières et celles de magasins, de marchands en gros, commissionnaires et courtiers, paieront dans les communes au-dessous de cinq mille habitans. 1 f.

| | |
|---|---|
| De cinq à dix mille. . . . . . . . . . | 2 |
| De dix à vingt-cinq mille. . . . . . | 4 |
| De vingt-cinq à cinquante mille. . . | 6 |
| De cinquante à cent mille. . . . . . | 8 |
| De cent mille et au-dessus. . . . . . | 10 |

*Art. 3.* Dans les communes au-dessus de dix mille ames, les fenêtres des troisième, quatrième, cinquième étages et au-dessus, ne paieront que cinquante centimes. *L. du 4 frim. an 7, art. 4; et loi du 18 vent. an 7, art. 1.*

II. Portes et fenêtres exemptes de l'impôt.

Ne sont pas soumises à la contribution établie par la présente, les portes et fenêtres servant à éclairer ou aérer les granges, bergeries, étables, greniers, caves et autres locaux non destinés à l'habitation des hommes, ainsi que toutes les ouvertures du comble ou toitures des maisons habitées. Ne sont pas également soumises à ladite contribution les portes et fenêtres des bâtimens employés à un service public, civil, militaire ou d'instruction, ou aux hospices. Néanmoins, si lesdits bâtimens sont occupés en partie par des citoyens auxquels la république ne doit point de logement d'après les lois existantes, lesdits citoyens seront soumis à ladite contribution, à la concurrence des parties desdits bâtimens qu'ils occuperont. *L. du 4 frimaire, an 7, art. 5.*

III. Formation du rôle.

Les municipalités sont tenues de faire ou faire faire par des commissaires l'état des portes et fenêtres sujettes à l'imposition. *Art. 6.* La réunion des états ci-dessus, visés par le commissaire du directoire exécutif, formera le rôle de chaque arrondissement de commune, et il sera rendu exécutoire par l'administration centrale. *Art. 7.* Immédiatement après la clôture du rôle, l'agent particulier des contributions directes transmettra à l'agent général le résultat des sommes portées dans chaque rôle. *Art. 11.*

IV. Assiette et recouvrement.

L'assiette et le recouvrement de cette contribution sont placés sous la surveillance et l'inspection de l'agence des contributions directes. *Art. 10.*

V. Temps du paiement.

Cette contribution est payable par tiers dans les trois mois après la mise en recouvrement du rôle. *Art. 13.*

VI. Qui doit payer?

La contribution des portes et fenêtres sera exigible contre les propriétaires et usufruitiers, fermiers et locataires principaux des maisons, bâtimens et usines, sauf leur recours contre les locataires particuliers pour le remboursement de la somme due à raison des locaux par eux occupés. *Art.* 12. Lorsque le même bâtiment sera occupé par le propriétaire et un ou plusieurs locataires, ou par plusieurs locataires seulement, la contribution des portes et fenêtres d'un usage commun sera acquittée par les propriétaires ou usufruitiers. *Art.* 15.

VII. Réclamations.

Les différents qui pourront s'élever sur le paiement de la contribution ci-dessus établie, seront décidés sur simple mémoire et sans frais par les administrations municipales; en cas de recours par les administrations centrales, sur le rapport et les conclusions du commissaire du directoire exécutif. *Art.* 16.

VIII. Contraintes.

Les redevables seront coutraints au paiement de la contribution par saisie et vente de leur mobilier, vingt-quatre heures après le commandement qui leur sera fait par écrit, par le percepteur. L'exécution pourra porter sur les meubles et effets des locataires, jusqu'à concurrence des sommes par eux dues. *Art.* 14.

IX. Responsabilité de ceux qui reçoivent.

Les percepteurs, les préposés des receveurs, et les receveurs eux-mêmes, sont déclarés personnellement responsables du paiement de cette contribution; ils seront, en cas de retard, poursuivis sur leurs biens et celui de leurs cautions, sauf le recours des receveurs sur leurs préposés, de ceux-ci sur les percepteurs, et de ces derniers sur les contribuables. *Art.* 13.

X. Remise aux communes.

Il sera fait remise à chaque commune de cinq centimes par franc du montant du rôle, pour subvenir aux frais du rôle; et le surplus, s'il y en a, sera employé aux dépenses locales. *Art.* 8.

XI. Remise aux percepteurs. La remise de chaque percepteur sera, par franc, le quart de ce qui lui est alloué aussi par franc pour la levée des autres impositions.

*Art. 9.* V. TAXE DE GUERRE.

# CORRESPONDANCE.

Chaque administration municipale qui se trouve placée ou dont partie des membres réside dans une commune où il n'existe point de bureau de poste, est tenue de nommer un commis qui sera spécialement chargé de se rendre tous les tridis, sextidis et décadis au bureau de poste le plus voisin, tant pour y porter les dépêches de l'administration municipale, &c. du commissaire du directoire exécutif qu'il sera tenu d'aller prendre chez eux, que pour en tirer les dépêches qui leur seront adressées, et les remettre à chacun d'eux sous récépissé. *A. du 4 nivôse, an 5, art 1. B. 98, n°. 924.* — I. Remise de la correspondance aux commissaires.

Tout retard des commissaires qui différéront plus d'une décade après la réception d'une dépêche, d'y faire la réponse pertinente, sera dénoncé par l'autorité de laquelle sera partie cette dépêche, au ministre de l'intérieur qui les avertira d'être plus exacts à l'avenir, et en cas de récidive, proposera leur révocation au directoire exécutif *Art. 6.* — II. Réponse à la correspondance.

Les mémoires, pétitions ou lettres qui sont adressés aux commissaires du directoire exécutif, soit par les autorités constituées, soit par les particuliers, doivent être écrits à mi-marge sur double feuille, et étiquetés en tête de chacune des deux feuilles d'une ou deux mots indicatifs de la nature d'affaires à laquelle il appartient et d'un numéro. *A. du 21 fructidor, an 4, art. 1 et 3. B. 74, n°. 692.* Dans le cas où le mémoire, lettre ou pétition seroit susceptible d'être réduit à une série de questions, — III. Forme de la correspondance.

il suffira qu'il soit écrit sur une simple feuille, sauf à y joindre sur feuille double, la série des questions à laquelle il donnera lieu. *Art.* 2. Les lettres jointes aux mémoire, &c. n'ont pas besoin d'être faites doubles. *Art.* 3. Les commissaires doivent consigner les minutes de leurs réponses à la marge de chacune des doubles qu'ils auront par devers eux; ils garderont l'un de ces doubles pour minute, et enverront l'autre à l'autorité ou au citoyen qui les lui aura adressés tous deux. *Art.* 4. Si le mémoire, lettre ou pétition contient plusieurs articles, la réponse sera couchée à la marge de chacun. *Art.* 5. Tout mémoire, lettre ou pétition qui contiendroit plusieurs objets distincts, qui ne seroit pas écrit à mi-marge, ou qui ne seroit pas étiqueté, sera renvoyé sans réponse à celui ou ceux de qui il appartiendra. *Art.* 6.

IV.
Qui peut correspondre sans payer le port ?

Les citoyens revêtus de fonctions publiques pourront, mais seulement pour les affaires relatives à leurs attributions, correspondre entre eux, autant que les lois le permettent, sans être tenus de payer d'avance le port des lettres, dépêches et paquets qu'ils expédieront; ils feront dans ce cas remettre leurs lettres directement et en particulier aux préposés des portes. *A. du 27 vend. an 6, art. 7. B. 153, n°. 1497.*

V.
Frais de la correspondance.

Les lettres et paquets adressés par les autorités constituées aux commissaires du directoire par les fonctionnaires publics autorisés à les leur envoyer sans en payer le port d'avance, seront passés en dépense de la même manière que ceux adressés aux administrations elles-mêmes, sur l'état certifié que lesdits commissaires leur en remettront. *A. du 27 brumaire, an 6, art. 8. B. 157, nº. 1552* (1).

VI. Lettres non affranchies par ceux qui ne sont pas fonctionnaires.

Les fonctionnaires publics auxquels il aura été adressé une lettre non affranchie par ceux qui ne sont pas autorisés à les leur envoyer sans payer le port, devront donner par écrit, sur le dos de la lettre, le nom et la demeure de celui qui l'aura adressée, afin qu'elle puisse de suite être réexpédiée vers le lieu du départ. *A du 5 vendémiaire, an 7, art. 3. B. 229, nº. 2046.* Dans le cas où la suscription ne mettroit pas celui à qui la lettre sera présentée en état de reconnoître l'auteur, il aura la faculté d'ouvrir ladite lettre, et il placera les renseignemens sur le dos après l'avoir recachetée : si l'auteur ne pouvoit être reconnu à défaut de signature, la lettre restera définitivement au rebut. *Art. 4.*

VII. Lettres adressées au gouvernement par les indigens.

Les citoyens indigens et non inscrits à cause de leur pauvreté sur le rôle des contributions directes qui auront à écrire au directoire exécutif, au secrétariat général et aux ministres, seront dispensés de payer les frais de port d'avance, à la charge de mettre leur nom sur les lettres et paquets, et de les certifier par les commissaires près la municipalité du lieu du bureau du départ. *L. du 27 vendémiaire, an 6, art. 8. B. 153, nº. 1497.*

VIII. Correspondance avec le commissaire près le tribunal de police correctionnelle, sur la poursuite des délits.

Les commissaires près les administrations municipales, établis dans chaque arrondissement

(1) La loi du 29 pluviôse, an 6, B. 184, nº. 1734, fixoit un prix particulier pour les imprimés relatifs aux fonctions des administrations, etc. Mais tous ces objets sont reçus francs quand ils sont envoyés entre les administrations d'un même département.

du tribunal correctionnel, demanderont au commissaire du directoire près ce tribunal, tous les éclaircissemens dont ils auront besoin pour se diriger dans la poursuite des délits qui sont de la compétence des tribunaux de police. Le commissaire du directoire près le tribunal correctionnel est tenu de leur répondre dans les trois jours. En cas de négligence de sa part, ils en avertiront le commissaire du directoire exécutif près le tribunal criminel. *A. du 4 frimaire, an 5, art. 3. B. 93, n°. 884.* Ils tiendront une notice exacte, par forme de journal, des renseignemens qu'ils leur auront fait parvenir, soit en réponse soit d'office. *A. du 27 nivôse, an 5, art. 1. B. 101, n°. 959.*

IX.

Envoi au même commissaire, de l'état des délits commis.

Les commissaires du directoire près les administrations municipales établies dans l'arrondissement de chaque tribunal correctionnel, feront parvenir, tous les décadis, au commissaire du directoire près ce tribunal, l'état des délits qui, pendant les dix jours précédens, auront été commis dans leurs cantons respectifs, soit que ces délits soient de nature à être jugés par les tribunaux de police, soit qu'ils doivent être poursuivis par les juges de paix, ou directeurs du jury, en leur qualité d'officiers de police. *A. du 4 frimaire, an 5, art. 4.* Cet état indiquera en même temps les poursuites qui auront été faites, tant pour constater les délits que pour en découvrir et arrêter les auteurs. *Art. 5.* Lorsque dans les dix jours précédens, il n'aura été commis dans un canton aucun délit qui soit venu à la connoissance du commissaire du directoire près l'administration municipale, celui-ci sera tenu d'en envoyer un certificat signé de lui au commissaire du directoire près le tribunal correctionnel. *Art. 6.*

Le commissaire du directoire exécutif près chaque administration municipale, est également tenu d'adresser, tous les décadis, au commissaire du directoire près le tribunal correctionnel de l'arrondissement, l'état des jugemens du tribunal de police, qui, dans les dix jours précédens, auront prononcé des amendes ou des emprisonnemens, et d'y rendre compte des diligences qu'il aura faites pour leur exécution. *Art. 10.* Dans le cas où les jugemens rendus dans les dix jours précédens, ne seroient pas encore exécutés lors de la formation des états, le compte des diligences relatives à leur exécution, sera rendu dans l'état de la décade suivante. *Art. 12.* Il est pareillement tenu de faire mention expresse dans les états décadaires, s'il s'est pourvu en cassation contre les jugemens du tribunal de police. *A. du 25 nivôse, an 5, art. 1. B. 101, n°. 957.*

X. Et l'état des jugemens de police.

# DÉCHARGES ET RÉDUCTIONS

## *Des contributions personnelles, mobiliaires et somptuaires pour l'an 7.*

---

Lorsqu'un citoyen se croira lésé dans sa cote, ou par double emploi, ou à cause de surtaxe; ou pour toute raison, il se pourvoira à l'administration municipale. *L. du 3 nivôse, an 7, art. 50. B. 250, n°. 2270.*

I. Il faut s'adresser à l'administration municipale.

Le pétitionnaire justifiera du paiement provisoire des termes échus de sa cote, s'il se plaint de surtaxe. Il justifiera pareillement du paiement des termes échus de l'une de ses cotes, s'il se plaint de doubles cotes. *Art. 51.*

II. Paiement provisoire.

Aucune demande en décharge ou réduction ne sera admise après l'expiration des trois mois qui suivront la publication du rôle. *Art. 58.*

III. Délai pour former la demande en décharge ou réduction.

L'administration municipale prendra sans frais l'avis des commissaires répartiteurs de la commune du pétitionnaire, sur les faits énoncés dans la pétition. *Art. 52.* Le commissaire du directoire exécutif sera entendu; l'administration municipale statuera dans les dix jours, et elle adressera de suite à l'administration centrale sa décision motivée. *Art. 53.* L'administration centrale prononcera définitivement, dans les dix jours suivans, ou dans la décade qui suivra la remise des renseignemens ultérieurs qu'elle pourra réclamer, s'il y a lieu. *Art. 54.* Les décharges et réductions qui seront approuvées par

IV. De quelle manière l'administration municipale doit y prononcer.

l'administration centrale, s'opéreront tant sur le principal que sur les centimes additionnels. *Art.* 55.

V.

Réimposition du montant des décharges accordées.

Le montant des ordonnances de décharge de la contribution personnelle et mobiliaire, sera réimposé par émargement au rôle et au marc le franc de la contribution mobiliaire de la commune du pétitionnaire. *Art.* 56. Le montant des décharges de la taxe de luxe sera en non-valeur. *Art.* 57.

# DÉLIT.

Faire ce que défendent, ne pas faire ce qu'ordonnent les lois qui ont pour objet le maintien de l'ordre social et la tranquillité publique, est un délit. *Code des délits et des peines, du 3 brumaire, an 4, art. 1. B. 204, IIe. série, no. 1221.* I. En quoi il consiste.

Aucun acte, aucune omission ne peuvent être réputés délits, s'il n'y a contravention à une loi promulguée antérieurement. *Art.* 2. Nul délit ne peut être puni de peines qui n'étoient pas prononcées par la loi avant qu'il fût commis. *Art.* 3.

II. Actions auxquelles il donne lieu.

Tout délit donne essentiellement lieu à une action publique. Il peut aussi en résulter une action privée ou civile. *Art.* 4. L'action publique a pour objet de punir les atteintes portées à l'ordre social; elle appartient essentiellement au peuple: elle est exercée en son nom, par des fonctionnaires spécialement établis à cet effet. *Art.* 5. L'action civile a pour objet la réparation du dommage que le délit a causé. Elle appartient à ceux qui ont souffert ce dommage. *Art.* 6. L'action publique s'éteint par la mort du coupable. *Art.* 7. L'action civile peut être poursuivie en même temps et devant les mêmes juges que l'action publique; elle peut aussi l'être séparément; mais dans ce cas l'exercice en est suspendu, tant qu'il n'a pas été prononcé définitivement sur l'action publique intentée avant ou pendant la poursuite de l'action civile. *Art.* 8.

III. Pères, maîtres, etc. sont responsables des délits commis par leurs enfans ou domestiques.

Les maris, pères, mères, tuteurs, maîtres, entrepreneurs de toute espèce, adjudicataires des bacs, aubergistes, maîtres d'hôtels garnis, logeurs, sont civilement responsables des délits commis par leurs femmes et enfans, pupilles, mineurs n'ayant pas plus de vingt ans, et non mariés, domestiques, ouvriers, voituriers, mariniers et autres subordonnés, et de ceux qui logent dans leurs maisons; l'estimation du dommage sera toujours faite par le juge de paix ou ses assesseurs, ou par des experts par eux nommés. *L. du 28 septembre 1791, tit. 2, art. 7; et loi du 6 frimaire an 7, art. 54. B. 246, n°. 2218. L. du 22 juillet 1791, tit. 1, art. 6.* V. BAC.

Les domestiques, ouvriers, voituriers, ou autres subordonnés, sont à leur tour responsables de leurs délits envers ceux qui les emploient. *L. du 28 septembre 1791, tit. 2, art. 8.*

IV. Prescription.

Il ne peut être intenté aucune action publique ni civile pour raison d'un délit, après trois années révolues, à compter du jour où l'existence en a été connue et légalement constatée, lorsque dans cet intervalle il n'a été fait aucune poursuite. *Art. 9.* Si dans les trois ans, il a été commencé des poursuites, soit criminelles, soit civiles, à raison d'un délit, l'une et l'autre action durent six ans, même contre ceux qui ne seroient pas impliqués dans ces poursuites. Les six ans se comptent pareillement du jour où l'existence du délit a été connue et légalement constatée. Après ce terme nul ne peut être recherché, soit au criminel, soit au civil, si dans l'intervalle il n'a pas été condamné par défaut ou contumace. *Art. 10 du code des délits, etc.*

La poursuite des délits ruraux doit être faite au plus tard dans le délai d'un mois, soit par les parties lésées, soit par le commissaire du directoire, faute de quoi il n'y aura plus lieu à poursuite. *L. du 2 septembre 1791, tit. 1, sect. 7, art. 8.*

V.
Concours de deux autorités dans la répression des délits.

La répression des délits exige l'action de deux autorités distinctes et incompatibles, celle de la police et celle de la justice. L'action de la police précède essentiellement celle de la justice. *Cod. des délits, etc. Art. 15.* V. COMPÉTENCE, CORRESPONDANCE, PEINES DE POLICE, TRIBUNAL DE POLICE, etc.

# DÉNONCIATION.

Des abus et malversations.

Les commissaires du directoire sont tenus de dénoncer toutes les dilapidations, malversations, etc. et tous abus de quelque nature qu'ils puissent être, qui pourroient être commis dans leur arrondisement, sous peine de destitution. *A. du 5 pluviôse, an 5. B. 104, n°. 981.*

# DÉSERTEURS.

I. Surveillance contre la désertion.

La surveillance contre la désertion, l'examen des passe-ports et congés des militaires, ou autres citoyens employés près les armées, sont directement confiés à la gendarmerie nationale, et aux commissaires près les administrations centrales et municipales. *L. du 4 frimaire, an 4, art. 1. B. 6, n°. 32; et loi du 3 fructidor, an 6, art. 1. B. 219, n°. 1964.*

II. Les commissaires doivent co-opérer à l'arrestation des déserteurs.

Les commissaires du directoire sont tenus, sous leur responsabilité personnelle, de co-opérer, de tout leur pouvoir, à assurer l'effet des mesures qui seront prises par la gendarmerie pour l'arrestation des militaires, réquisitionnaires, conscrits en activité de service, et déserteurs, soit en fournissant la liste de ceux qui se trouveront dans leurs ressorts, soit en requérant la force armée. *L. du 4 frimaire, an 4, art. 1; et loi du 3 fructidor, an 6, art. 2.*

III. Ils doivent faire partir les conscrits.

Les commissaires du directoire exécutif près les administrations centrales de département, sont expressément chargés de faire partir, d'après les ordres et les instructions du ministre de la guerre, les défenseurs conscrits appellés par la loi; ils correspondront à cet égard avec les commissaires du directoire exécutif près les administrations municipales; et les uns et les autres feront toutes les réquisitions qu'ils jugeront convenables, aux autorités civiles et militaires. *L. du 19 fructidor, an 6, art. 49. B. 223, n°. 1995.* V. PASSE-PORT, N°. IV.

IV. Définition des militaires, réquisitionnaires et conscrits.

Les militaires sont ceux qui servent dans l'armée de terre par enrôlement volontaire. Les réquisitionnaires sont les français appellés à compléter l'armée par la loi du 23 août 1793 ; cette réquisition comprend tous ceux qui sont nés depuis le 22 août 1768, jusqu'au 22 août 1775. Les conscrits sont ceux qui ont atteint l'âge de vingt ans accomplis jusqu'à celui de vingt-cinq ans révolus. Ils sont divisés en cinq classes ; la première classe se compose des français qui, au premier vendémiaire de chaque année, ont terminé leur vingtième année ; la deuxième classe se compose de ceux qui, à la même époque, ont terminé leur vingt-unième année ; la troisième classe comprend ceux qui, à la même époque, ont terminé leur vingt-deuxième année ; ainsi de suite, classe par classe, année par année. Il n'est apporté dans le cours de l'année aucun changement dans la division des classes ; de manière que le français qui a terminé sa vingtième année, n'est compris dans la conscription militaire que le premier vendémiaire suivant ; et que celui qui a terminé sa vingt-cinquième année, y reste compris jusqu'à la même époque. Les conscrits ne sont soumis aux lois militaires que lorsqu'ils sont désignés pour entrer en activité de service. *L. du 22 août 1793, et du 19 fructidor, an 6, art. 15, 17, 18 et 23.*

V. Qui sont ceux qui sont obligés de rejoindre ?

Les militaires, réquisitionnaires ou conscrits en activité de service, exempts de rejoindre l'armée, sont, 1°. ceux qui sont porteurs d'un congé absolu légalement délivré.

2°. Ceux qui sont porteurs d'une exemption de service définitive ou provisoire, accordée par le directoire exécutif.

3°. Ceux qui sont porteurs d'une suspension provisoire de départ, délivrée par le ministre de la guerre. *L. du 3 fructidor, an 6, art. 3. B. 219, n°. 1964.*

4°. Ceux qui sont porteurs d'une dispense accordée conformément à la loi du 28 nivôse, an 7 (1). V. DISPENSE DE SERVICE MILITAIRE. *Rem. de l'éditeur.*

5°. Ceux qui sont de l'âge de la conscription, et qui sont mariés avant le 23 nivôse, an 6. *L. du 19 fructidor, an 6, art. 16. B. 223, n°. 1995.*

6°. Ceux de l'âge de la conscription, qui, ayant été mariés avant le 23 nivôse, an 6, seroient devenus veufs, ou auroient divorcé, pourvu qu'ils aient des enfans. *Même art.*

7°. Ceux qui étant officiers ou sous-officiers, étoient autorisés à faire, et ont donné leur démission, et dont la démission a été acceptée. *Inst. du ministre de la guerre, du 11 germinal, an 7, art. 7.*

8°. Ceux qui étoient officiers et sous-officiers, et qui ont été renvoyés comme surnuméraires (2), mais ils restent dans l'obligation de rejoindre jusqu'à ce qu'ils aient quatre années de service effectif, ou qu'ils aient dépassé l'âge de la conscription; le temps qu'ils passent dans leurs foyers, compte comme service effectif; et lorsqu'ils sont rappellés, ils ne peuvent être con-

---

(1) La loi du 28 nivôse, an 7, déroge à la loi du 3 fructidor, an 6, qui exempte du service ceux qui ont obtenu une exemption provisoire en conformité de l'art. du 4 ventôse, an 4. *V. dispense de service militaire, n°. x.*

(2) On doit y comprendre les officiers de santé; d'après une lettre du ministre de la guerre, du 6 brumaire, an 7.

traints à servir que dans le grade qu'ils avoient déjà. *L. du 19 fructidor, an 6, art. 16.*

9°. Ceux qui sont destinés ou employés au service de la marine, inscrits, immatriculés ou brevetés comme tels. *Même art.*

10°. Ceux qui sont réquisitionnaires, et qui étant rentrés ou restés dans leurs foyers, avec autorisation, s'y sont mariés légalement avant le premier germinal, an 6. *L. du 3 fructidor, an 6, art. 3.*

VI. Qui sont ceux qui doivent partir ?

Toutes autres exceptions précédemment adoptées, sont et demeurent rapportées, et toutes les exceptions provisoires délivrées en conséquence desdites exceptions, par les administrations ou commissaires du gouvernement, sont annullées. *Même art.*

Tous engagemens souscrits par des militaires et des réquisitionnaires dans les entreprises et convois militaires, ateliers de la république et autres établissemens civils et militaires, sont nuls, si les porteurs desdits engagemens n'ont pas été formellement et nominativement maintenus dans lesdits établissemens, en vertu des arrêtés précédemment rendus. En conséquence lesdits militaires et réquisitionnaires non maintenus seront tenus de rejoindre l'armée, nonobstant tous congés ou permissions qui leur auroient été délivrés par les chefs desdites administrations et entreprises. *Art. 4.* Seront également tenus de rejoindre tous les réquisitionnaires et militaires mis en réquisition, en vertu des lois, pour différens travaux, lorsque lesdits militaires et réquisitionnaires ne justifieront pas avoir été continuellement et être encore occupés aux travaux pour lesquels ils avoient été requis. *Art. 5.* Nulle autorité constituée, nulle administration civile ou militaire ne peut mettre en réquisition, ni retenir pour un emploi quelconque, un conscrit qui, d'après son âge, doit entrer en activité de service : n'est pas même à cet égard réputé service militaire, celui des commis ou employé dans les bureaux des ministres, dans ceux des commissaires des guerres ou autres administrations, entrepreneurs ou agens militaires. *L. du 19 fructidor, an 6, art. 50. B. 223, n°. 1995.*

VII. Peines contre les commissaires qui n'exécuteront pas les lois sur la désertion.

Les commissaires du directoire, qui n'exécuteroient pas ponctuellement, en ce qui les concerne, les lois relatives aux déserteurs, aux fuyards de la réquisition et à leurs complices, ou qui en empêcheroient ou entraveroient l'exécution, seront punis de deux années d'emprisonnement, et condamnés à une amende qui ne peut être moindre de 500 francs, ni excéder 2000, et destitués de leurs fonctions. *L. du 24 brumaire, an 6. B. 157, n°. 1551, art. 1 et 2.*

# DÉTENUS.

Permission nécessaire pour transférer les détenus dans les hôpitaux.

Les administrateurs municipaux et tous autres ayant la police des maisons d'arrêt, de justice et des prisons, ne peuvent faire passer dans les hospices de santé, sous prétexte de maladie, les détenus que du consentement, pour les maisons d'arrêt, du directeur du jury; pour les maisons de justice, dn président du tribunal criminel; et pour les prisons, de l'administration centrale du département, si elle siége dans le lieu où se trouvent les prisons; à défaut l'on prendra l'avis et le consentement du commissaire près la municipalité. *L. du 4 vendémiaire, an 6, art. 15. B. 149, n°. 1452.*

# DISPENSE DE SERVICE MILITAIRE.

Les dispenses de service militaire sont provisoires ou définitives. *L. du 28 nivôse, an 7, art. 1. B. 253, n°. 2379.*

I. Ces dispenses sont provisoires ou définitives.

Elles ne peuvent être accordées que pour cause d'infirmité, d'incapacité ou de maladie constatées. *Art. 2.* Les dispenses provisoires ne peuvent excéder le terme de trois mois. *Art. 3.* Les motifs de dispense sont jugés par les administrations municipales, ou par les administrations centrales de département, sur le rapport d'officiers de santé, nommés par elles à cet effet. *Art. 4.* Les demandes de dispenses sont faites dans le canton et département du domicile ordinaire du réclamant. Ceux qui en sont absens peuvent néanmoins former leur demande dans les canton et département dans lesquels ils se trouvent, en rapportant un certificat signé par le commissaire du directoire et l'administration municipale du lieu de leur domicile ordinaire, visé par le commissaire et l'administration centrale de leur département, constatant que celui qui réclame, n'a pas été déjà jugé à cet égard, et qu'il n'est pas en état de désertion. Dans les cas où la demande de dispense est faite et jugée ailleurs qu'au domicile ordinaire du réclamant, la décision qui admet ou rejette la demande de dispense, doit être notifiée par ceux qui ont prononcé, aux administrations municipale et centrale du domicile ordinaire du réclamant, et aux commissaires du directoire près ces mêmes administrations. *Art. 21.*

II. Cas où elles s'accordent, et par qui.

III. Quand et comment par les administrations municipales?

Les administrations municipales ne peuvent accorder de dispenses définitives que dans les cas d'infirmités palpables et notoires. *Art.* 5. Elles ne peuvent accorder de dispenses provisoires que dans le cas de maladies aiguës, ou d'accidens survenus à un conscrit, qui le mettroient dans l'impossibilité évidente de se transporter au chef-lieu du département. *Art.* 6. Les décisions d'une administration municipale pour toutes dispenses, ne peuvent être prises qu'après avoir entendu le commissaire du directoire exécutif; et l'expédition desdites décisions doit être signée par la majorité des membres de l'administration municipale. *Art.* 7. Elles doivent faire mention du rapport de la visite faite par un officier de santé, en présence de l'administration municipale, ou de celle d'un commissaire pris dans son sein, et délégué par elle à cet effet, pour se transporter chez le malade ou l'infirme qui seroit dans l'impuissance absolue de se rendre au local de ses séances. *Art.* 8. Le commissaire du directoire exécutif, ainsi que chacun des membres de l'administration, peut, après le rapport de l'officier de santé, requérir une contre-visite du réclamant, s'il a des doutes sur la gravité de la maladie et sur la nature de l'infirmité qu'il allègue. *Art.* 9. Lorsque l'administration municipale juge une réclamation non-fondée, le réclamant est tenu de rejoindre l'armée sans délai; lorsqu'elle juge seulement que la réclamation est étrangère à la compétence qui lui est attribuée, le commissaire du directoire exécutif donne au réclamant une autorisation pour se présenter de suite à l'administration centrale du département, qui prononce sur sa demande. *Art.* 10. Les décisions de l'administration municipale, portant dispense définitive ou provisoire, sont adressées de suite à l'administration centrale de département, qui les confirme ou les annulle. *Art.* 11. Dans le cas où l'administration centrale refuse de ratifier la décision de l'administration municipale, elle ordonne le départ du réclamant, ou elle lui enjoint de se rendre de suite auprès d'elle pour y être examiné. *Art.* 12. Lorsque l'administration centrale confirme la dispense définitive accordée par une administration municipale, le commissaire du directoire l'adresse de suite au ministre de la guerre, qui fait expédier au conscrit un brevet de dispense absolue, ou prononce l'annullation de la dispense. En attendant la décision du ministre, le réclamant demeure autorisé à rester dans ses foyers. Lorsque l'administration centrale confirme la dispense provisoire accordée par une administration municipale, le commissaire du directoire exécutif près l'administration centrale le notifie au commissaire du directoire exécutif près l'administration municipale, qui demeure chargé d'obliger le conscrit, après le délai expiré, de rejoindre de suite l'armée, sauf à lui à se pourvoir dans les formes prescrites par la présente loi, s'il a des motifs légitimes de réclamer une dispense définitive, ou une prolongation de dispense provisoire. *Art.* 13.

IV. Quand et comment par les administrations centrales

Toute réclamation de dispense définitive ou provisoire, motivée sur des infirmités cachées, ou pour cause de maladie qui ne réduiroit point le malade à l'impossibilité de se transporter au chef-lieu du département, est jugée par l'administration centrale du département. *Art.* 14. Nul ne pourra se présenter à l'administration centrale du département pour y réclamer une dispense dans les cas prévus par l'article précédent, que muni d'une autorisation du commissaire du directoire exécutif près l'administratiou municipale de son canton, motivé sur le certificat de l'officier de santé désigné par lui à cet effet, qui attestera que le réclamant est réellement affecté d'une infirmité ou maladie qui lui paroît susceptible de donner lieu à la réclamation. *Art.* 15. Le commissaire du directoire exécutif près l'administration municipale est tenu de faire partir sans délai, pour l'armée, tout conscrit auquel l'officier de santé déclareroit ne pouvoir délivrer ledit certificat. *Art.* 16. (1) Les décisions de l'administration centrale mentionnent le rapport de deux officiers de santé, et constatent que la visite a été faite en présence de l'administration et du commissaire : elles ne peuvent être prises qu'après avoir entendu le commissaire du directoire, et l'expédition desdites décisions doit être signée par la majorité des membres de l'administration centrale. *Art.* 17. Sur la demande, soit des commissaires du directoire, soit d'un seul des membres, l'administration est tenue de faire procéder à une contre-visite et à un rapport d'officier de santé. *Art.* 18. Lorsque l'administration centrale a prononcé une dispense définitive, le commissaire du directoire exécutif l'adresse au ministre de la guerre, qui fait expédier au conscrit un brevet de dispense absolue, ou qui annulle la décision de l'administration centrale. En attendant, le réclamant demeure autorisé à rester cans ses foyers. *Art.* 19. Lorsque l'administration centrale

(1) l'instruction du ministre de la guerre, du 11 germinal, an 7, art. 9, porte que le conscrit doit partir dans les trois jours de l'ordre qui lui sera donné. Ce délai expiré, il sera poursuivi comme déserteur.

a prononcé une dispense provisoire, le commissaire du directoire exécutif près l'administration centrale, le notifie au commissaire du directoire près l'administration municipale du canton du réclamant ; et celui-ci demeure chargé, sous sa responsabilité, après l'expiration du délai accordé, d'obliger le conscrit de joindre de suite l'armée, ou de le renvoyer à l'administration centrale du département, s'il est dans le cas de solliciter une dispense définitive, ou une prolongation de dispense provisoire. *Art.* 20.

V. Par le ministre de la guerre.

Le ministre de la guerre accorde des brevets de dispense absolue aux conscrits jugés incapables de rejoindre l'armée, d'après toutes les formalités prescrites par la présente loi. Aucune autorité ne peut, sous quelque prétexte que ce soit, dispenser de rejoindre l'armée un conscrit qui ne s'y seroit pas conformé. *Art.* 22. Néanmoins le ministre de la guerre, dans le cas où il soupçonneroit que les conscrits auroient été induement dispensés, peut suspendre l'expédition des brevets de dispense absolue, et faire procéder à des contre-visites pardevant tels commissaires extraordinaires qu'il jugera convenable de déléguer à cet effet *Art.* 23. Si après ces contre-visites et le rapport des commissaires extraordinaires, le ministre de la guerre acquiert la conviction que les officiers de santé, des commissaires du directoire exécutif, ou des administrateurs centraux ou municipaux, ont favorisé des lâches qui voudroient se soustraire à l'obligation de marcher à la défense de la patrie, il casse les décisions des autorités, et il les dénonce au directoire exécutif, qui demeure chargé de sévir, par tous les moyens que la constitution et les lois mettent en son pouvoir, contre les fonctionnaires qui se seroient rendus coupables de foiblesse ou de négligence, et même de faire poursuivre devant les tribunaux les officiers de santé, commissaires du directoire et administrateurs, qui auroient attesté des faits reconnus faux. *Art. 24.* Tout conscrit dont la dispense est annullée par le ministre de la guerre, est tenu de rejoindre l'armée sans délai. *Art. 25.* Le ministre de la guerre adresse les brevets de dispense absolue aux commissaires du directoire exécutif près les administrations centrales de département, qui les transmettent à ceux qui les ont obtenus, après les avoir fait enrégistrer au secrétariat de l'administration. Les brevets sont numérotés, et portent en marge la page du registre où ils sont inscrits. *Art. 26.*

VI. Choix et salaire des officiers de santé.

Les officiers de santé sont choisis, autant que possible, parmi ceux salariés par la république, comme attachés au service militaire; s'il en est employé d'autres, ils sont payés à raison d'un franc pour visite, sur les fonds des dépenses extraordinaires de la guerre, par les payeurs des départemens, sur les états dressés par les commissaires du pouvoir exécutif près les administrations municipales et centrales, visés par un commissaire des guerres, et ordonnancés par le commissaire-ordonnateur de la division. *Art. 29.*

VII. Peines contre les officiers de santé, commissaires et administrateurs prévaricateurs.

Les officiers de santé, commissaires du directoire et administrateurs, convaincus d'avoir attesté à faux des infirmités ou incapacités, ou d'avoir, à raison de leurs visites ou fonctions, reçu des présens ou gratifications, soit avant, soit après, sont punis par voie de police correctionnelle, d'une peine qui ne peut être moindre d'une année d'emprisonnement, ni excéder deux ans; et en outre d'une amende qui ne peut être moindre de 300 f. ni excéder 1000 f. *Art. 30.*

Lorsque, par l'effet d'une mutilation, ou de toute autre manière, un conscrit sera atteint d'une infirmité assez grave pour l'empêcher d'être employé dans une arme, et qu'il pourra néanmoins être employé à toutes autres fonctions près les armées, ou dans la marine, il en sera fait mention dans les rapports des officiers de santé, et le directoire exécutif est autorisé à l'employer de telle manière ou dans telle arme qu'il jugera convenable. *Art. 31.*

VIII. Le certificat des officiers de santé doit faire mention si un conscrit peut servir autrement que comme soldat.

Toutes dispenses pour cause d'infirmité ou d'incapacité, soit provisoires, soit définitives, accordées jusqu'à ce jour à des conscrits, ainsi que toutes décisions d'administrations, ou de jurys provisoirement chargés de prononcer sur ces demandes, sont nulles et de nul effet; sauf à ceux qui les auroient obtenues, à se pourvoir par nouvelle demande aux autorités déclarées compétentes par la présente loi. *Art. 32.*

IX. Dispenses données avant la publication de la loi, sont nulles.

Toutes les dispositions de la présente loi sont communes aux réquisitionnaires appellés aux armées par la loi du 23 fructidor dernier, et qui n'auroient pas encore rejoint leurs drapeaux; en conséquence toutes dispenses définitives ou provisoires à eux accordées par les commissaires du directoire exécutif, les administrations ou autres autorités, sont nulles et de nul effet, et ceux qui en sont porteurs, tenus de rejoindre sans délai, sauf à eux à se pourvoir devant les autorités déclarées compétentes par la présente loi, s'ils ont de justes motifs de réclamation. *Art. 33.*

X. Cette loi est commune aux réquisitionnaires.

Les infirmités évidentes qui emportent invalidité absolue pour le service militaire, et dont le jugement est attribué aux administrations municipales de canton, sont :

XI. Infirmités jugées par les administrations municipales.

ANÉVRISMES. Les anévrismes des principaux troncs artériels.

ATROPHIE. L'atrophie d'un membre, le marasme décidé, caractérisé par les signes d'étisie et de colliquation, lesquels devront être énoncés dans le rapport.

CLAUDICATION. La claudication bien marquée, quelle qu'en soit la cause, celle-ci doit être énoncée d'une manière précise. Il en est de même de la rétraction considérable et permanente des muscles fléchisseurs ou extenseurs d'un membre, ainsi que de leur paralysie, ou d'un état de relâchement constant qui s'oppose au libre exercice des mouvemens musculaires.

ÉCROUELLES. Les écrouelles ulcérées.

On relatera les signes qui en fixent le caractère.

GOITRES. Les goîtres volumineux et incurables gênant habituellement la respiration.

MARASME. *V. atrhopie.*

MEMBRES. (Perte des membres ou de leur usage). La perte totale d'un bras, d'une jambe, d'un pied, d'une main.

La perte irrémédiable du mouvement des mêmes parties. On annoncera l'accident ou la maladie qui y a donné lieu.

NEZ. (perte du) La perte totale du nez.

OS. (maladie des) La courbure des os longs, le rachitis ou noueure portés au point de gêner évidemment les mouvemens des membres.

Les autres maladies des os, quoique graves et palpables, présentent quelquefois du doute; ce qui les a fait renvoyer au jugement des administrations centrales. *V. n°. XII* GIBBOSITÉ. OS.

OUIE. *V. parole.*

PAROLE. (perte de la) La mutité [impossibilité de parler]; l'aphonie permanente [privation de la voix]; la surdité complette [perte de l'ouie].

Ces trois infirmités doivent être bien notoires et légalement constatées : on relatera l'accident ou la cause connue qui y a donné lieu. Si leur existence présente quelque doute ; ou qu'elles ne soient pas portées à un haut degré, le jugement en est réservé à l'administration centrale. *Voyez n°. XII* OUIE.

PARTIES GÉNITALES. (perte des) La perte du membre viril, celle des deux testicules.

POITRINE. (affections de) La phtisie pulmonaire confirmée, c'est-à-dire, aux 2e. et 3e. degrés. On aura soin de décrire le rapport, les symptômes qui caractérisent cet état. Comme ils ne sont que trop évidens, ils doivent donner lieu à une dispense absolue ; mais pour la phtisie commençante ou au premier degré, pour l'asthme même ancien, et pour l'hémoptysie ou crachement de sang habituel, l'administration municipale ne doit accorder qu'une dispense provisoire, si le malade est hors d'état de se rendre auprès de l'administration centrale ; le jugement de ces divers cas étant réservé à cette dernière. *Voyez n°. XII* POITRINE.

RELACHEMENT DES MEMBRES. (*Voyez claudication*).

RÉTRACTION DES MEMBRES. (*Voyez claudication*).

VUE. (perte de la) La privation totale de la vue.

On énoncera l'accident qui a donné lieu à cette privation, ou la maladie qui l'entretient. On distinguera et spécifiera la *goutte sereine*, la *cataracte*, le *glaucome*, les maladies propres à la cornée et à l'uvée (1).

---

(1) Voyez au surplus n°. III.

XII. Infirmités jugées par les administrations centrales.

Les infirmités ou maladies qui donnent lieu à l'invalidité absolue ou relative pour le service militaire, et dont la connoissance ainsi que le jugement sont réservés aux administrations centrales de département, sont :

ANUS. (maladie de l'anus et des intestins).

Les hémorrhoïdes ulcérées ; les fistules à l'anus reconnues incurables ; le flux hémorrhoïdal périodique et abondant ; le flux de sang intestinal, habituel et chronique ; l'incontinence habituelle des matières fécales ; la chûte habituelle du rectum.

Ces diverses infirmités doivent être authentiquement constatées par des officiers de santé instruits, qui auront traité et suivi long-temps le malade. Jusqu'à ce qu'on ait acquis la certitude de l'existence et de l'incurabilité de ces affections, il ne peut y avoir lieu qu'à une dispense provisoire.

ASTHME. *(Voyez poitrine).*

CACHEXIE. L'état de cachexie décidée (scorbutique, glanduleuse ou autres) reconnue incurable, et caractérisée par des symptômes évidens et anciens, dont il sera fait mention dans le certificat.

CANCERS et ULCÈRES. Les cancers, les ulcères invétérés, d'un mauvais caractère, incurables, ou dont il seroit imprudent de tenter la cure.

Ces ulcères sont toujours accompagnés d'autres signes qui annoncent la mauvaise disposition du malade ; il en sera fait mention dans le rapport.

CERVEAU. L'épilepsie ; les convulsions ; les mouvemens convulsifs généraux ou partiels ; le tremblement habituel de tout le corps ou d'un membre ; la paralysie générale ou partielle ; la démence, la manie, l'imbécillité.

L'existence réelle et l'incurabilité de l'une de ces affections, suffit pour autoriser la dispense absolue de tout service militaire. Mais souvent ces cas sont équivoques ; l'affection peut être simulée : on ne doit donc prononcer qu'avec les précautions indiquées à la note 3. *(V. cette note).*

CICATRICES. De grandes et anciennes cicatrices peu solides, sur-tout si elles sont adhérentes et accompagnées de déperdition de substance ; si elles sont croûteuses ou parsemées de varices.

CRANE. Les grandes lésions du crâne, provenant de plaies considérables, de dépression ou enfoncement des os, de leur exfoliation ou extraction.

Il en résulte quelquefois tous les accidens suivans, mais communément plusieurs d'entr'eux : altération des facultés intellectuelles, vertiges, étourdissemens, assoupissemens, accidens nerveux ou spasmodiques, fréquentes douleurs de tête. Le rapport devra faire mention des symptômes que le malade éprouve réellement. *(V. la note 3).*

DÉGLUTITION. (difficulté de) La difficulté de la déglutition résultant de la paralysie ou de quelqu'autre vice constant, ou lésion incurable des parties servant à cette fonction.

DENTS. *(Voyez machoire).*

DOIGTS. (mutilations des) La perte totale d'un pouce, d'un gros orteil, du doigt indicateur de la main droite, ou de deux autres doigts d'une main ou d'un pied ; la mutilation des dernières phalanges d'un ou de plusieurs doigts d'une main, d'un pied ; la perte irrémédiable du mouvement de ces mêmes parties.

Si ces infirmités, ces mutilations s'opposent, quoiqu'à des degrés différens, à l'exercice de plusieurs manœuvres de l'infanterie, elles n'empêchent pas toujours celui qui les éprouve, d'être utile dans un autre service à l'armée; tel que celui des mineurs, sapeurs, pionniers et pontonniers, ou même celui de la cavalerie, si la mutilation aux doigts du pied ou de la main gauche, est peu considérable, enfin dans la marine.

Si donc le réclamant, pour quelqu'une des mutilations autres que la perte du pouce, est d'ailleurs fort et bien constitué, il doit être envoyé aux armées. Cette décision seroit encore plus fondée, si l'on soupçonnoit la mutilation d'être récente et volontaire.

FISTULE SALIVAIRE. Les fistules salivaires et l'écoulement involontaire de la salive reconnus incurables.

GOUTTE. La goutte, la sciatique, les douleurs arthritiques et rhumatismales invétérées, qui empêchent les mouvemens des membres et du tronc.

Ces infirmités présentent souvent du doute *Pour l'éclaircir*, voyez la note (2).

---

(2) Lorsque l'individu réclamant est atteint de goutte ou de douleurs rhumatismales bien constatées, qui le retiennent au lit ou dans ses foyers, et l'empêchent de se rendre au chef-lieu du département, il doit être considéré comme atteint de maladie aiguë, et ayant droit à une dispense provisoire.

A l'égard de ces mêmes affections devenues chroniques, il est rare, lorsque la goutte est portée à un certain degré de ténacité, qu'elle ne laisse aux parties qu'elle a affectées, ou des nodosités, ou des rétractions sensibles. Le rhumatisme, et sur-tout celui qui attaque les jeunes gens, lesquels en gé-

GIBBOSITÉ. Les bosses du pourtour de la poitrine, ainsi que les déviations de la colonne vertébrale, assez considérables pour gêner la respiration, ou pour ne pas permettre le port des armes et de l'équipement militaire.

Lorsque ces vices de conformation ne sont pas portés à un certain degré, ils n'empêchent pas de servir dans les manœuvres basses de la marine et à d'autres fonctions aux armées.

HALEINE (fétidité de). L'haleine infecte par cause irrémédiable, ainsi que les écoulemens fétides des oreilles, et la transpiration habituelle du même caractère, et portant celui d'incurabilité.

Les soldats qui répandent ces exhalaisons infectes, sont renvoyés des corps, repoussés par leurs camarades.

---

néral y sont bien moins sujets que les personnes d'un âge avancé, altère la forme des muscles et la couleur de la peau. Il comporte l'amaigrissement de la partie qu'il a occupée, et cette différence se juge à la simple inspection.

Mais lorsqu'aucun signe sensible ne peut manifester l'existence du rhumatisme, les officiers de santé pourront tirer quelques inductions de probabilité, d'après la connoissance de la profession du conscrit et du climat qu'il habite. On sait que les enfans de la campagne sont plus sujets à ces affections que ceux de la ville, et qu'il est des genres d'habitation où elles se contractent plus facilement. En réunissant toutes ces données, en les combinant et les comparant, les officiers de santé parviendront communément à distinguer l'affection réelle de celle qui ne seroit que simulée. Autant il est juste que dans quelques autres cas équivoques, tels que ceux qui concernent les maladies de poitrine, l'humanité fasse pencher la balance du côté du conscrit, autant, en matière de douleurs et de rhumatismes non avérés, il convient de préférer la sévérité à l'indulgence, d'autant plus que les exercices militaires, loin d'aggraver cette disposition si elle existe, ne peuvent que contribuer à la faire disparoître.

HERNIES. Les hernies irréductibles et celles qui peuvent être contenues sans danger.

HYDROPISIE. Les hydropisies reconnues incurables.

Ces diverses cachexies, portées à un haut degré de dégénérescence, rendent le malade absolument hors d'état de faire aucun service; mais lorsqu'elles ne sont pas invétérées, ou qu'elles sont produites ou entretenues par une cause qu'on peut combattre efficacement, elles ne doivent donner lieu qu'à une dispense provisoire.

INTESTINS. *(Voyez anus).*

MACHOIRES. (maladie des) La perte des dents incisives et canines de la mâchoire supérieure ou inférieure; les fistules des sinus maxillaires; la difformité incurable de l'une ou l'autre mâchoire, par perte de substance, par nécrose ou autre accident capable d'empêcher de déchirer la cartouche, susceptible de gêner la mastication et de nuire au libre exercice de la parole.

Celui qui est privé des dents incisives et canines, ne sauroit servir comme soldat dans la ligne; il peut être employé dans d'autres services à l'armée.

MAIGREUR. *(Voyez stature).*

MEMBRES. (difformités des) Les difformités incurables des pieds, des mains, des membres, ou d'autres parties, capables de rendre la marche et le maniement des armes difficiles, d'empêcher le port de l'équipement, ou de s'opposer au libre exercice des mouvemens dans quelque arme que ce soit.

Ces difformités peuvent ne donner lieu qu'à une invalidité relative; il conviendra, dans ces cas, de détailler les effets physiques qui en résultent, pour conclure ensuite à quel genre de service le réclamant peut encore être propre.

NERFS. (*Voyez cerveau*.)

NEZ. (maladies du) La difformité du nez, susceptible de gêner considérablement la respiration; l'ozène, et tout ulcère rebelle des fosses nasales, ou de la voûte palatine; la carie des os de ces parties, et les polypes reconnus incurables.

OS. (maladie des) Les maladies graves des os, telles que le *diastasis* ou écartement, l'ankilose, les caries ou *nécroses*, le *spina ventosa*, les tumeurs osseuses et celles du périoste, lorsqu'elles sont considérables ou situées de manière à gêner le mouvement, et qu'elles ont été traitées sans succès.

Tous ces cas graves donnent lieu à l'invalidité absolue; mais si les tumeurs des os et du périoste sont peu considérables, elles peuvent encore permettre de faire quelque service.

OUIE. (vices de l'ouïe, de la voix, de la parole.) Les vices permanens et bien constatés des organes de l'ouïe, de la voix et de la parole, portés à un degré considérable, et capables d'en gêner beaucoup l'exercice.

Les infirmités qui en résultent sont très-souvent douteuses : elles peuvent être simulées ; et l'on ne doit prononcer à leur égard qu'avec les précautions indiquées à la note (3).

---

(3) Dans tous les cas qui ne présentent aucun signe sensible de lésion organique, il est difficile de porter un jugement très-prompt. Il ne seroit pas juste qu'il fût négatif, parce que le conscrit ne se trouveroit pas, au moment de la visite, dans l'état dont il se plaint. D'un autre côté, il pourroit feindre la surdité, des douleurs, même un accès d'épi-

PAROIS. (*Voyez ouie.*)

PARTIES GÉNITALES. (maladie des) La rétraction permanente d'un testicule, son engagement dans l'anneau, le sarcocèle, l'hydrocèle, le varicocèle, toutes les affections graves d scrotum, des testicules et des cordons spermatiques, reconnues incurables.

PEAU. Les maladies de peau, susceptibles de communication, lorsqu'elles sont anciennes, héréditaires ou rebelles, comme la teigne, les dartres vives, humides et étendues, la gale opiniâtre et compliquée, l'éléphantiase, la lèpre.

Dans tous les cas, on ne peut accorder de dispense définitive, que lorsque des traitemens méthodiques, long-temps continués et administrés par des officiers de santé véritablement instruits, ont été infructueux, et que la consti-

---

lepsie, sans être réellement sujet à aucune de ces maladies; et l'exception prononcée d'après une donnée aussi équivoque, seroit une véritable infraction à la loi. Il est donc nécessaire de suivre ces jeunes gens, ou dans un hôpital militaire, ou dans le cours de leur vie. — Le témoignage des officiers de santé qui les traitent, celui de dix citoyens domiciliés, d'une moralité bien connue, qui ne soient ni parens ni alliés du conscrit, la notoriété publique certifiée par les autorités constituées, sont autant de moyens, lesquels, ajoutés aux signes rationnels que l'on reconnoît, peuvent élever la probabilité à un degré très-rapproché de la certitude, et fonder un jugement impartial.

Au surplus, la plupart de ces maladies pouvant céder au temps ou aux remèdes, il n'y a pas lieu, pour les conscrits chez lesquels on les reconnoîtroit, à une exemption absolue et définitive. Avant que les officiers de santé puissent le prononcer en toute connoissance de cause, il est nécessaire que ces jeunes gens se représentent à la visite aux époques déterminées, et cela quelquefois pendant plusieurs mois de suite.

tution du malade est sensiblement altérée. Autrement il n'y auroit lieu qu'à la dispense provisoire, pour donner au réclamant le temps de faire les remèdes convenables.

POITRINE. La phtisie au premier degré, l'asthme décidé, ainsi que l'hémoptysie ou crachement de sang habituel, fréquent et périodique.

Souvent l'état des malades attaqués de ces diverses affections de poitrine, est évidemment grave, et accompagné de circonstances qui ne laissent aucun doute; dès-lors ils sont susceptibles de dispense absolue: quelquefois il est moins prononcé, et l'on ne doit porter qu'un jugement provisoire, en exigeant la preuve testimoniale et celle d'un traitement méthodique.

RHUMATISME. (*Voyez goutte.*)

STATURE. (vices de) La foiblesse et l'extrême maigreur, jointes à une petite stature, ou à une stature très-élevée et hors des proportions ordinaires.

Ces cas ne sont pas rares à l'age de la conscription; ils exigent beaucoup de prudence dans le jugement qu'on en doit porter; ils peuvent souvent donner lieu à une dispense provisoire. *Voyez la note* (4).

---

(4) Le dernier des articles évidens qui doivent comporter l'exemption du service militaire, est le *marasme*, qu'il faut considérer comme le dernier degré de l'état cachectique. Celui-ci est le produit d'une ou de plusieurs maladies; l'amaigrissement peut être dû à un défaut de vigueur et de développement; le premier état n'offre presque pas d'espoir; l'autre est susceptible d'amélioration.

Il est certain qu'à l'âge de la conscription, une extrême maigreur réunie à une petite stature, à des muscles très-peu

VARICES. Les varices multipliées et volumineuses.

VOIES URINAIRES. (maladies des) Le calcul, la gravelle, l'incontinence habituelle, ou la rétention fréquente des urines ; ainsi que toutes les maladies graves ou lésions des voies urinaires, les fistules de ces parties, soit qu'on juge incurables ces diverses affections, soit qu'elles exigent les soins habituels de l'art de guérir.

Quelques-unes de ces infirmités présentent du doute ; telles sont la rétention et sur-tout l'incontinence d'urine. Elles peuvent être simulées, ou au moins provoquées artificiellement ; dans ces cas on trouvera dans la note (5) les motifs d'après lesquels on doit se décider.

---

prononcés, une voix grêle, annoncent, ou que le jeune citoyen ne sera jamais un homme dans l'exactitude du terme, ou qu'avant de le devenir, et d'être susceptible de soutenir les fatigues de l'état militaire, il faut qu'il s'opère dans son tempérament une de ces révolutions qu'on ne peut attendre que du temps, d'un bon régime, et d'un exercice proportionné à l'accroissement successif des forces. Si un tel individu est, par le nombre des années, dans la classe de la conscription, la nature le compte encore dans la classe des enfans. La justice et l'humanité veulent qu'on ajourne de trois en trois mois la décision qui le concerne.

Lorsque l'élongation du sujet s'est faite d'une manière très-prompte, qu'il est élancé, maigre, grêle, qu'il a le cou, les bras, les jambes très-longs, que la respiration est laborieuse au moindre exercice ; un tel individu est hors de ligne, jusqu'à ce que la nature ait ajouté en force, ce qu'elle a employé jusques-là en stature.

(5) La rétention d'urine produit des accidens connus des hommes de l'art, et dont l'exercice ou l'absence contribue à découvrir la réalité ou la supposition du mal, sa permanence ou son effet momentané. A l'égard de l'incontinence d'urine, il est plus difficile de juger si elle est naturelle ou

VOIX. (*Voyez ouies*).

ULCÈRES ÉCROUELLEUX. Les ulcères et tumeurs d'un caractère scrofuleux bien prononcé.

Il est très-rare que ce caractère existe sans être accompagné d'engorgemens glanduleux, et autres signes qui annoncent la cachexie écrouelleuse. On ne négligera pas d'en faire mention dans le certificat.

ULCÈRES MALINS. (*Voyez cancers*).

YEUX. La perte de l'œil droit ou de son usage.

Ce défaut rend impropre au service de soldat dans la ligne ; mais il n'empêche pas de remplir des fonctions utiles à l'armée dans un autre service, ou dans la marine.

La fistule lacrymale incurable, les ophtalmies chroniques, les fluxions fréquentes sur les yeux, ainsi que les maladies habituelles, soit des paupières, soit des voies lacrymales, portées au point de gêner sensiblement la vision.

L'affoiblissement de la faculté visuelle, les défauts permanens de la vue, qui empêchent de distinguer les objets à la portée nécessaire pour le service de guerre : la myopie, l'amblyopie, la nyctalopie.

Les défauts de la vue présentent beaucoup de difficultés à l'examen, et laissent souvent l'officier de santé dans l'incertitude ; dans ce cas, on

---

artificielle, passagère ou irremédiable ; parce que les rougeurs et les gerçures que produit l'urine, seroient communes à l'imposteur comme à l'homme malade. La preuve testimoniale seroit encore ici en défaut. Cependant l'ensemble des formes physiques et de la constitution du réclamant peuvent fournir des données pour prononcer ; et si le jeune homme présente d'ailleurs les indices de la santé et de la vigueur, on peut, sans inconvénient, l'envoyer aux armées.

ne doit prononcer qu'avec les précautions indi q·ées à la note (6). *Instruction du ministre d .. guerre, du 1er. germinal, an 7.*

Voyez DÉSERTEURS.

---

(6) Lorsqu'un vice extérieur et sensible empêche la visioti ou affecte l'organe de l'œil, comme dans quelques cas cité dans l'article VUE, n°. XI, l'officier de santé peut prononce avec certitude. Mais la foiblesse de la vue ne peut pas êtr évaluée d'une manière assez précise, lorsqu'aucun signe exté rieur ne l'annonce. Il en est de même de la *myopie* ou vu courte; et cependant la distance à laquelle celui qui s'en plaint peut lire l'écriture, l'effet que produit sur sa vision l'intermèd du verre qui n'est pas destiné à augmenter chez le myope la fa culté visuelle, peuvent fournir aux officiers de santé des indices pour la découverte de la vérité, ou pour reconnoître l supercherie.

La *nyctalopie* ou cécité nocturne est rare dans la jeunesse et elle n'est souvent que passagère.

Quant à l'*amblyopie*, qui consiste à ne voir que confusément les objets à toutes les distances, le jour comme la nuit, elle présente à l'examen quelque certitude, lorsqu'on apperçoit que les pupilles ont changé de diamètre, ou qu'elles ont perdu de leur mobilité ou de leur régularité: quelques amblyopes ont aussi dans les yeux une vibration convulsive, ce qu'on appelle *vue vague*.

Il entre dans les devoirs des officiers de santé, chargés de la visite des hommes destinés au service militaire, de ne prononcer sur ces différentes maladies des yeux, qu'après avoir rassemblé toutes les preuves rationnelles de leur existence. Pour asseoir un jugement plus rapproché de la certitude, ils doivent encore exiger qu'on rapporte au commissaire du directoire exécutif la preuve testimoniale de dix citoyens, non parens du réclamant, et qui connoissent ses habitudes dans la vie sociale.

Au surplus, si les différens défauts de la vue, lorsqu'ils sont portés à un degré considérable, peuvent exposer le soldat qui en est atteint, à compromettre la sûreté d'un poste, ils ne l'empêchent pas toujours d'être utile dans d'autres différens services, auxquels il peut être employé à l'armée.

# DOUANE.

Poursuites contre ceux qui pilleroient les dépôts des douanes.

Dans le cas où des rassemblemens armés ou non armés se seroient portés au pillage des bureaux des dépôts des douanes et auroient exercé quelque violence contre les propriétés nationales ou privées, les communes sur le territoire desquelles ces rassemblemens auront lieu, seront responsables de ces délits et des dommages-intérêts auxquels ils donneront lieu. *Loi du 10 vendémiaire, an 4, et arrêté du 8 nivôse, an 6, art. 1. B. 174, n°. 1646.* Lorsque par suite de ces rassemblemens, un individu préposé aux douanes, ou autre domicilié ou non sur une commune y aura été pillé, maltraité ou homicidé, tous les habitans seront tenus de lui payer, ou, en cas de mort, à sa veuve et enfans des dommages et intérêts. *A. cité, article 2.* Les commissaires du directoire exécutif sont chargés sous leur responsabilité, de veiller à l'exécution des articles ci-dessus. *L. citée, et arrêté cité, art. 3.*

[library stamp]

# ÉCHENILLAGE.

Avant le 1er. ventôse de chaque année, tout propriétaire, fermier, locataire, ou autre faisant valoir leurs propres héritages ou ceux d'autrui, sont tenus d'écheniller les arbres étant sur lesdits héritages, à peine d'amende qui ne peut être moindre de trois journées de travail et plus forte de dix. *L. du 26 ventôse, an 4, art. 1 et 6. B. 33, n°. 242.* Ils sont tenus, sous les mêmes peines, de brûler sur-le-champ les bourses et toiles qui sont tirées des arbres, haies ou buissons, et ce, dans un lieu où il n'y aura aucun danger de communication de feu, soit pour les bois, arbres et bruyères, soit pour les maisons et bâtimens. *Art. 2.* Les administrations de département feront écheniller, dans le même délai, les arbres étant sur les domaines nationaux non affermés. *Art. 3.* Dans le cas où quelque propriétaire ou fermier auroit négligé de faire écheniller dans le temps prescrit, les agens et adjoints le feront faire aux dépens de ceux qui l'auront négligé, par des ouvriers qu'ils choisiront; l'exécutoire des dépens leur sera délivré par le juge-de-paix, sur les quittances des ouvriers, contre lesdits propriétaires et locataires, et sans que ce paiement puisse les dispenser de l'amende. *Art. 7.*

I. Tout possesseur doit écheniller et brûler les bourses et toiles.

Les commissaires du directoire près les municipalités sont tenus, dans la seconde décade de la publication de la loi, de visiter tous les terreins garnis d'arbres, d'arbustes, haies ou buissons, pour s'assurer que l'échenillage aura

II. Les commissaires doivent visiter les terreins pour s'assurer s'ils sont échenillés, et en rendre compte au ministre.

été fait exactement, et d'en rendre compt au ministre chargé de cette partie. *Art.* 5.

III. Publication de la loi sur les échenillages.

La loi sur les échenillages doit être publié le 1er. pluviôse de chaque année, à la dili gence des agens des communes, sur le réquisi toire du commissaire du directoire exécutif *Art.* 8.

# ÉCOLE PARTICULIERE.

I. On doit en faire la visite.

Les écoles particulières, maisons d'éducation et pensionnats, sont et demeurent sous la surveillance spéciale des administrations municipales de chaque canton; en conséquence, chaque administration municipale est tenue de faire au moins une fois, par chaque mois et à des époques imprévues, la visite desdites maisons qui se trouvent dans son arrondissement, à l'effet de constater 1°. si les maîtres particuliers ont soin de mettre entre les mains de leurs élèves, comme base de la première instruction, les droits de l'homme, la constitution et les livres élémentaires qui ont été adoptés par la convention; 2°. si l'on observe les décadis; si l'on y célèbre les fêtes républicaines, et s'y l'on s'y honore du droit de citoyen; 3°. si l'on donne à la santé des enfans tous les soins qu'exige la foiblesse de leur âge; si la nourriture est propre et saine; si les moyens de discipline intérieure ne présentent rien qui tendent à avilir et à dégrader le caractère; si les exercices enfin y sont combinés de manière à développer le plus heureusement possible, les facultés physiques et morales. *L. du 17 pluviôse, an 6, art. 1. B. 181, n°. 1710.* Le commissaire du directoire doit toujours accompagner les membres de la municipalité dans ces visites auxquelles doit être un membre du jury d'instruction publique. *Art. 2.*

II. Et en dresser procès-verbal.

L'administration municipale doit dresser procès-verbal de ces visites et en transmettre copie aux administrations centrales; cependant elles peuvent provisoirement prendre telles mesures qu'elles jugeront nécessaires pour arrêter ou prévenir les abus, même en ordonnant la suspension ou la clôture de ces écoles, &c. *Art.* 3. Le commissaire doit surveiller et requérir l'exécution des dispositions ci-dessus, et dénoncer avec courage les infractions, omissions ou négligences qu'il découvrira. *Art.* 4.

# ENFANS ABANDONNÉS.

Le commissaire du directoire près l'admi-istration municipale du canton dans l'arron-issement duquel résideront les nourrices ou utres habitans chargés d'enfans abandonnés, urveillera à ce que les enfans soient nourris t entretenus convenablement, et envoyés aux coles primaires; à l'effet de quoi les com-issions administratives des hospices civils ui remettront une liste des enfans où seront scrits leurs noms et prénoms, celui des nour-'ces ou autres habitans, et le lieu de leu omicile. *Du 30 ventôse, an 5, art. 4 et 6.* . *114, n°. 1097.* Les nourrices et autres ha-itans chargés d'enfans abandonnés, sont tenus e les représenter à la première réquisition du ommissaire du directoire près l'administration unicipale du canton. *Art, 7.* Les enfans âgés e douze ans révolus, qui ne sont pas con-ervés par les nourrices et habitans auxquels ils auront été d'abord confiés, seront placés chez des cultivateurs, artistes ou manufactu-riers, où ils resteront jusqu'à leur majorité, sous la surveillance du commissaire du direc-toire, pour y apprendre un métier ou pro-fession, conforme à leur goût et à leurs facultés. *Art 13.*

Surveillance chez les nourrices et les maîtres d'apprentissage.

# ÉPIZOOTIE.

I. Déclaration à l'agent des animaux malades.

Tout propriétaire ou détenteur de bêtes à cornes, à quelque titre que ce soit, qui aura une ou plusieurs bêtes malades ou suspectes, est obligé, sous peine de 500 fr. d'amende, d'en avertir sur-le-champ l'agent de sa commune qui les fera visiter par l'expert le plus prochain ou par celui qui aura été désigné par le département ou le canton.

II. Ils ne doivent communiquer ni pâturer avec les autres.

Lorsque d'après le rapport de l'expert, il sera constaté qu'une ou plusieurs bêtes seront malades, l'agent veillera à ce que ces animaux soient séparés des autres et ne communiquent avec aucun animal de la commune. Les propriétaires, sous quelque prétexte que ce soit, ne pourront les faire conduire dans les pâturages ni aux abreuvoirs communs, et ils seront tenus de les nourrir dans les lieux renfermés sous peine de 100 francs d'amende.

III. Le commissaire doit en être instruit.

L'agent en informera dans le jour, le commissaise du directoire exécutif du canton auquel il indiquera le nom du propriétaire et le nombre des bêtes malades. Le commissaire du directoire fera part du tout à l'administration centrale du département.

IV. Déclaration du propriétaire du bétail.

Aussitôt qu'il sera prouvé à l'agent que l'épizootie existe dans une commune, il en instruira tous les propriétaires de bestiaux de ladite commune, par une affiche posée au lieu où se placent les actes de l'autorité publique; laquelle affiche enjoindra auxdits propriétaires de déclarer à l'agent le nombre de bêtes à cornes qu'ils possèdent, avec désignation d'âge, de taille, de poil, &c. Copie de ces déclarations sera envoyée au commissaire près l'administration municipale du canton, et par celui-ci à l'administration centrale du département. *A. du 27 messidor, an 5. B. 133, nº. 1294.*

# GARDES CHAMPÊTRES.

Il y a dans chaque commune rurale au moins un garde champêtre. *Code des délits et des peines, du 3 brumaire, an 4, art. 38, B. 204, n°. 1221.* L'objet de leur institution est la conservation des récoltes, fruits de la terre et propriétés rurales de toute espèce. *M. art.* Tout propriétaire a le droit d'avoir pour la conservation de ses propriétés un garde champêtre. Il est tenu de le faire agréer par l'administration municipale. *Art. 40.* — I. Leur nombre et l'objet de leur institution.

Les gardes champêtres doivent être âgés au moins de vingt-cinq ans, et être reconnus pour gens de bonnes mœurs ; ils doivent être nommés par l'administration municipale qui peut les changer ou les destituer, et ils sont reçus par le juge-de-paix qui doit leur faire prêter le serment de veiller à la conservation de toutes les propriétés qui sont sous la foi publique et de toutes celles dont la garde leur aura été confiée par l'acte de leur nomination. *L. du 2 septembre 1791, tit. 1. sect. 7, art. 1 et 5.* — II. Qui peut être nommé et par qui ?

Dans l'exercice de leurs fonctions, les gardes champêtres pourront porter toutes sortes d'armes qui seront jugées leur être nécessaires par l'administration centrale. Ils auront sur le bras une plaque de métal ou d'étoffe, où seront inscrits ces mots ; LA LOI, le nom de la municipalité, celui du garde. *Art. 4.* — III. Marque distinctive.

Les gardes champêtres considérés comme officiers de police judiciaire sont chargés de rechercher tous les délits qui portent atteinte aux propriétés rurales, de dresser des procès-verbaux indicatifs de leur nature et de leurs — IV. Leurs fonctions.

circonstances, du temps, et du lieu où ils ont été commis, des preuves et indices qui existent sur les prévenus; de suivre les objets volés dans les lieux où ils ont été transportés et de les mettre en séquestre, sans pouvoir néanmoins s'introduire dans les maisons, ateliers, bâtimens et cours adjacentes, si ce n'est en présence, soit d'un officier ou agent municipal ou de son adjoint, soit d'un commissaire de police; d'arrêter et de conduire devant le juge-de-paix, en se faisant, pour cet effet, donner main-forte par la commune du lieu qui ne peut la refuser, tout individu qu'il surprendra en flagrant délit. *Art. 41 du code des délits.*

V. Forme de leurs procès verbaux. Ils feront leurs déclarations ou affirmeront la sincérité de leurs rapports dans les vingt-quatre heures, devant le juge-de-paix ou l'un de ses assesseurs; et ces procès-verbaux sont soumis à la formalité du timbre et de l'enregistrement en débet. *L. du 2 septembre 1791, tit. 1 sect. 7, art. 6, loi du 23 therm. an 4, art. 1. B. 66, n°. 601. L. du 22 frimaire, an 7, art. 70. B. 248, n°. 2223, L. du 13 brum. an 7, art. 12. B. 237, n°. 2136* (1).

VI. Remise de ces procès verbaux. Les gardes champêtres remettent leurs procès-verbaux aux commissaires du pouvoir exécutif près l'administration municipale. *Code des délits, art. 43.* La remise de chaque procès-verbal se fait au plus tard, le troisième jour après la reconnoissance du délit qui ne est l'objet. *Art. 44.* Si le délit est de nature à mériter une peine au-dessus de la valeur de

(1) Voyez la note mise à l'article, commissaire de police, n°. 6.

trois journées de travail ou de trois jours d'emprisonnement, le commissaire du pouvoir exécutif envoie le procès-verbal au juge-de-paix qui agit en conséquence, comme officier de police judiciaire. *Art.* 45. Si le procès-verbal a pour objet un délit dont la peine n'excède pas la valeur de trois journées de travail ou trois jours d'emprisonnement, le commissaire du directoire fait citer le prévenu devant le tribunal de police. *Art.* 46.

VII. Ils font foi en justice.

Les rapports des gardes champêtres ainsi que leurs déclarations, lorsqu'ils ne donneront lieu qu'à des réclamations pécuniaires, feront foi en justice pour tous les délits mentionnés dans la police rurale, sauf la preuve contraire. *L. du 2 septembre 1791, titre 1, section 7, art. 6.*

VIII. Peine en cas de non-rapport.

Ils sont responsables des dommages, dans le cas où ils négligeront de faire, dans les vingt-quatre heures, le rapport des délits. *Art. 7.*

IX. Dénonciation des gardes champêtres.

Le commissaire du pouvoir exécutif est tenu de dénoncer au directeur du jury les négligences, abus et malversations des gardes champêtres et des gardes forestiers. Le même devoir est imposé aux commissaires de police, aux juges-de-paix et à tout fonctionnaire public et agent du gouvernement. *Art 47, du code des délits, etc.*

# GARDE NATIONALE.

I. Les commissaires du directoire exécutif ne peuvent être commandés pour le service de la garde nationale ; mais ils sont soumis au remplacement. *A. du 13 floréal, an 7, chap. 8. B. 276, n°. 2845.*

Les commissaires du directoire en sont exempts.

II. Si les citoyens se refusent à faire le service de la garde nationale, la peine se gradue suivant le genre de service pour lequel ils avoient été commandés.

Peine des citoyens qui se refusent à un service ordinaire.

S'il s'agit d'un service ordinaire, il faut distinguer entre un service de vingt-quatre heures à un poste de surveillance, et un service momentanée pour escorter les autorités civiles dans les fêtes nationales et décadaires. Dans le premier cas, le citoyen commandé ou averti qui ne se présente pas en personne et ne se fait pas remplacer, est soumis à une taxe de remplacement de la valeur de deux journées de travail. Dans le deuxième cas, par la considération que le service a moins de durée, la taxe ne doit être que d'une journée de travail. La valeur de la journée de travail est réglée tous les trois mois par l'administration centrale, sur l'avis de chaque administration municipale. C'est aux administrations municipales à prononcer l'application de cette taxe et à en ordonner le recouvrement Ainsi lorsque des citoyens faisant partie de la garde nationale sédentaire, sont commandés ou avertis pour un service ordinaire, èt ne se font pas remplacer, le commandant dresse l'état nominatif des manquans, avec indication du jour et de la durée du service ; il remet cet état au commissaire du directoire exécutif près l'administration municipale, lequel, en sa qualité d'agent particulier des contributions directes, forme un rôle de chaque taxe due. Ce rôle est arrêté par l'administration municipale qui le rend exécutoire, avec l'autorisation de procéder immédiatement et sans autres formalités, à la saisie des meubles et effets, en cas de refus de paiement lors de la notification et sommation qui sera faite par l'huissier chargé de le mettre à exécution. Si les citoyens taxés se croient fondés à réclamer contre cette taxe, ils doivent porter leurs réclamations d'abord devant l'administration municipale qui statue provisoirement, en observant qu'aucune réclamation ne peut être admise sans qu'on ait justifié du paiement préalable de la taxe et des frais occasionnés pour son recouvrement. Le montant de cette taxe doit être versé dans la caisse de chaque administration municipale qui en tient registre.

III. Qui se refusent à un service extraordinaire.

Mais lorsqu'il s'agit d'un service extraordinaire, c'est-à-dire de dissiper des attroupemens, de faire des patrouilles, soit de nuit soit de jour, sur les routes ou dans l'intérieur des communes, pour réprimer le brigandage, les citoyens qui ont refusé le service et ne se sont pas fait remplacer, sont punis par la voie de police correctionnelle. Dès-lors, toutes les fois qu'un citoyen légalement requis, soit par billet soit par avertissement, ne se présente pas et ne se fait pas remplacer, le commandant doit sur-le-champ en faire son rapport au commissaire du directoire près l'administration municipale, lequel dénonce cette contravention au juge-de-paix de l'arrondissement; celui-ci traduit le citoyen désobéissant devant le tribunal correctionnel.

IV. Qui commettent des délits qui ne sont pas de la compétence des conseils de discipline.

Si pendant la durée du service un citoyen se rend coupable d'un délit qui emporte une peine autre que celles que les conseils de discipline peuvent appliquer, il doit être renvoyé vers le commissaire du directoire exécutif près l'administration municipale, s'il s'agit d'un délit punissable par le tribunal de simple police; et vers le juge-de-paix de l'arrondissement, s'il s'agit d'un délit qui entraîne une peine correctionnelle ou afflictive. *A. du 13 floréal, an 7, chapitre 6.*

# GENDARMERIE NATIONALE.

Pour que chaque chef de division, d'escadron, capitaine et lieutenant puissent être payés de leurs tournées et revues, il faut que ces tournées et revues soient certifiées sur un livret, à ce destiné par le commissaire du canton et lieu de résidence des brigades. Ces attestations doivent être datées et signées sans intervalle ni interligne. *L. du 28 germinal, an 6, art. 61. B. 197, n°. 1805.* Quand les sous-officiers et gendarmes sont en tournées et couchent en route, pour être payés ils doivent présenter sur le livre de service l'ordre que le gendarme a reçu, ensuite duquel sont les certificats de la municipalité ou du commissaire du directoire des lieux où ils couchent. *Art. 69 et 193.* Tout officier, sous officier ou gendarme qui ne rejoint point après le délai expiré d'une permission ou congé, est puni comme déserteur, à moins d'empêchemens légitimes justifiés par des certificats authentiques des agens municipaux, visés par le commissaire du directoire exécutif. *Art. 101.* I. Signature des registres et certificats.

La gendarmerie nationale doit 1°. dissiper tous attroupemens qualifiés séditieux par les lois, à la charge d'en prévenir sans délai les administrations centrales, municipales, et les commissaires du directoire près d'elles. *Art. 125.* 2°. S'assurer de la personne de tous étrangers circulant dans l'intérieur de la république sans passe-port ou avec des passe-ports informes, à la charge de les conduire sur-le-champ devant le commissaire de l'administration municipale de l'arrondissement. *Même article.* Elle II. Fonctions et réquisitions.

peut être requise par le commissaire à l'effet d'escorter les deniers publics, convois de poudre de guerre, courriers, voitures et messageries nationales. *Art.* 134. Le commissaire du directoire ne peut s'immiscer d'aucune manière dans les opérations militaires qui seront ordonnées par les chefs pour l'exécution desdites réquisitions, mais seulement exiger le rapport de ce qui aura été fait en conséquence de sa réquisition. *Art.* 138. Elle prêtera sur-le-champ la main-forte qui lui sera demandée par réquisitions légales, et exécutera les réquisitions qui lui seront adressées par le commissaire du directoire pour le maintien et le rétablissement de la tranquillité publique. *Art.* 140. La gendarmerie ne peut être requise par le commissaire du directoire que dans l'étendue de son territoire. *Art.* 143. Les capitaines et les lieutenans pourront, sur l'invitation du commissaire, porter une ou plusieurs brigades de leurs compagnies et lieutenances aux foires, marchés, fêtes et cérémonies publiques où ils apprendront qu'il doit y avoir un grand concours de citoyens; et les brigades qui auront été rassemblées rentreront dans le jour même à leurs résidences respectives à moins d'une réquisition du commissaire du directoire; dans ce dernier cas il est tenu de prévenir sur-le-champ l'administration centrale. *Art.* 145.

III. Forme de la réquisition.

La réquisition doit être par écrit; les réquisitions énonceront la loi, l'arrêté du directoire ou de l'administration, ou de tout autre autorité constituée en vertu desquels la gendarmerie devra agir; elles doivent toujours être adressées aux commandans de la gendarmerie des arrondissemens respectifs. On ne doit pas mettre à exécution celles qui ne seroient pas revêtues de ces formalités. *Art.* 147.

On ne peut employer dans les réquisitions d'autres termes que ceux consacrés par l'acte constitutionnel ; ainsi la constitution ne se servant que des mots *réquisition*, *requérir* et *autoriser*; le commissaire du directoire ne peut pas dire qu'il *ordonne*, qu'il *enjoint*, ou se servir d'autres expressions semblables. *Art. 137, et arrêté du 13 floréal, an 7, chapitre 5. B. 276, n°. 2845.* Les réquisitions seront faites dans la forme suivante : *Nous . . . . . requérons en vertu de la loi du . . . . . N . . . . . commandant, etc. de prêter le secours de la gendarmerie nationale, nécessaire pour repousser les brigands, etc. prévenir ou dissiper les attroupemens formés, etc. ou pour assurer le paiement de etc. ou pour procurer l'exécution de tel jugement ou de telle ordonnance de police ; et pour la garantie dudit commandant, nous apposons notre signature ; fait à etc.* Arrêté du 13 floréal, an 7, chapitre 5.

# HYPOTHÈQUE.

Il y a privilège en faveur des ouvriers et de leurs cessionnaires, sans qu'il soit nécessaire d'aucune inscription, mais seulement jusqu'à concurrence de la plus value existante au moment de l'aliénation d'un immeuble, quand cette plus value a pour origine les constructions, réparations et autres impenses que les ouvriers y auroient faites, et lorsqu'avant le commencement des travaux il aura été dressé un procès-verbal qui constate l'état dudit immeuble, l'utilité de ces ouvrages, et qu'il aura été procédé à leur réception deux mois au plus tard après leur confection. Ces procès-verbaux seront dressés par des experts nommés d'office par le juge-de-paix du canton où l'immeuble est situé, et en présence du commissaire du directoire exécutif près l'administration municipale du même arrondissement. *L. du 11 brumaire, an 7, art. 12. B. 238, n°. 2137.* I. Formalités à remplir pour que les ouvriers aient un privilége.

Les commissaires du directoire exécutif près les administrations centrales de département, requerront d'office les inscriptions indéfinies sur les comptables publics, et sur leurs cautions à l'égard des biens servant de cautionnement. A l'égard des inscriptions sur les tuteurs et curateurs, le subrogé tuteur et les parens ou amis qui concourront à la nomination, sont tenus, chacun individuellement et sur leur responsabilité solidaire, de les requérir ou de veiller à ce qu'elles soient faites en temps utile à la diligence de l'un deux. Celles au profit des époux encore mineurs, pour raison de leurs con- II. Inscription sur les comptables, mineurs et époux

# INSPECTEUR DES CONTRIBUTIONS.

---

*Ses fonctions près les commissaires.*

L'inspecteur est chargé de la surveillance des commissaires près les administrations municipales. Tous les trois mois, il se rendra auprès de chaque commissaire près l'administration municipale, se fera représenter leurs travaux, examinera leur situation sous tous les rapports de leurs diverses fonctions, s'assurera s'ils ont toutes les instructions, tous les modèles nécessaires, s'ils sont bien au fait de leurs devoirs, s'ils les remplissent avec exactitude. Il parcourra avec eux leurs différentes opérations, et leur donnera tous les avis et directions propres sur-tout à établir entre tous les commissaires la plus parfaite uniformité dans les principes et le mode du travail.

Il doit voir les administrations municipales, prendre auprès d'elles des renseignemens sur la conduite et le travail des commissaires près lesdites administrations, recevoir les plaintes que ces administrations auroient à former contre eux, et en rédiger procès-verbal, s'il est nécessaire.

Lorsqu'un nouveau commissaire près d'une administration municipale sera nommé, celui du département pourra charger l'inspecteur de l'installer, de lui donner les premiers erremens, et de le diriger même dans les premiers travaux, s'il est nécessaire. *L. du 22 brumaire, an 6. B. 157, n°. 1546, S. 3, fonctions des inspecteurs.*

# LOTERIE NATIONALE.

A l'époque de la clôture de chaque quinzaine, dans les communes seulement où ne réside aucun inspecteur de loterie nationale, le receveur en présence du commissaire du directoire exécutif de la commune qu'il habite, devra faire un paquet séparé de toutes les feuilles de copie-matrice. Il en sera dressé procès-verbal quadruple, signé du commissaire, du receveur et du préposé, soit de la poste, soit des diligences. Trois de ces copies demeureront entre les mains des signataires respectifs; la quatrième sera de suite adressée par le commissaire du directoire aux administrateurs de la loterie. Ce procès-verbal énoncera, en toutes lettres, la quantité de feuilles, le nombre d'enrégistremens et le montant général des mises; le tout d'après la déclaration du receveur. Mention détaillée en sera faite sur l'enveloppe même du paquet, et sera signée par les susdits, et le paquet scellé de leurs cachets, de manière qu'il ne puisse être ouvert sans qu'on s'en apperçoive. *A. du 5 fructidor, an 6, art. 11. B. 219, n°. 1967, et du 7 ventôse, an 7, art. 1, 2 et 3. B. 261, n°. 2564.* I. Formalités pour la clôture dans les communes où il ne réside aucun inspecteur.

Ce paquet sera renfermé dans celui des feuilles à souche, adressé à l'inspecteur d'arrondissement, au chef-lieu de sa résidence. *A. du 5 fructidor, an 6, art. 12.* Dans ce chef-lieu sera établie une caisse à trois clefs, dont la première sera remise entre les mains du commissaire du directoire près l'administration supérieure; la deuxième, dans celles du commissaire du directoire près le tribunal civil;

la troisième, dans celles de l'inspecteur de la loterie. *Art. 13.* La caisse à trois clefs ne peut être placée que dans un établissement public, tel qu'archives d'administration ou greffe des tribunaux, selon les localités. *A. du 7 ventôse, an 7, art. 9.* Dans les communes, chefs-lieux d'arrondissement, où il n'existe ni administration centrale ni tribunaux civils, le commissaire du directoire exécutif près l'administration municipale, et celui près le tribunal correctionnel, seront chacun, dépositaires d'une des clefs de la caisse. *Art. 10.*

11. Dans les communes où réside l'inspecteur. La veille de chaque tirage, chacun des receveurs du chef-lieu est tenu de se transporter au local où la caisse à trois clefs est placée, et dans lequel se trouvent réunis deux commissaires du directoire exécutif et l'inspecteur de la loterie nationale. *A. du 5 fructidor, an 6, art. 14, et 7 vent. an 7, art. 5.* Le receveur leur exhibera à découvert la totalité des feuilles de copie-matrice de la quinzaine, dont il sera de suite fait un paquet scellé de cinq cachets, en se conformant à ce que prescrivent à cet égard l'article 11 de l'arrêté du 5 fructidor, et l'article 11 ci-dessus. *A. du 7 ventôse, an 7, art. 6.* Dans les communes chefs-lieux, il ne doit point être fait pour chaque receveur un procès-verbal quadruple de la confection du paquet des feuilles de copie-matrice de la quinzaine; mais pour suppléer aux procès-verbaux particuliers, il sera fait mention de la quantité de feuilles de copie-matrice remise par chaque receveur, dans le procès-verbal du dépôt général, de tous les paquets de feuilles de copie-matrice de l'arrondissement, que dressent en quadruple minute les commissaires du directoire exécutif et l'inspecteur de la loterie na-

tionale. *Art. 4 et 7, de l'art. du 7 ventôse, et 14, de l'art. du 5 fructidor, an 7.* Toutes ces opérations ne doivent être faites que dans une pièce attenante à celle où se trouve placée la caisse à trois clefs; et le dépôt des feuilles de copie-matrice dans ladite caisse ne s'effectuera qu'après que tous les receveurs se seront retirés. *Art. 8 de l'arrêté du 7 ventôse, an 7.* Après ce dépôt, les scellés seront apposés sur la caisse. *A. du 5 fructidor, an 6, art. 14.* Aucun dépôt, compulsoire ou déplacement de feuille de copie-matrice ne pourra se faire sans qu'il en soit dressé procès-verbal en quadruple minute, signé par les deux commissaires du directoire exécutif et par l'inspecteur. Trois de ces minutes resteront à chacun de ces signataires respectifs; la quatrième, sera sur-le-champ adressée par l'inspecteur aux administrateurs de la loterie nationale. *Art. 15.*

# MESURES DE LA RÉPUBLIQUE.

---

Il y a dans la république uniformité de poids et de mesures. *Acte constitutionnel, art. 371.* I. Uniformité de mesures.

Les mesures linéaires ou de longueur, sont : II. Mesures linéaires.

| | | | | |
|---|---|---|---|---|
| Myriamètre ou 10000 Mètres. | 5132 toi. | 2 pieds. | 5 pou. | 4 lig. |
| Kilomètre ou 1000 Mètres. | 513 | 1 | 5 | 4 |
| Hectomètre ou 100 Mètres. | 51 | 1 | 11 | 4 |
| Décamètre ou 10 Mètres. | 5 | 0 | 9 | 6,4 |
| MÈTRE. | | 3 | 0 | 11,44 |
| Décimètre ou un 10e. de Mètre. | | | 3 | 8,34 |
| Centimètre ou un 100e. de Mètre. | | | | 4,43 |
| Millimètre ou un 1000e. de Mètre. | | | | 0,44 |

Les mesures agraires, sont : III. Mesures agraires.

| | | |
|---|---|---|
| Myriare, kilomètre carré. | 263416 | toises carrées. |
| Kilare. | 26341,6 | |
| Hectare, hectomètre carré. | 2634,16 | |
| Décare. | 263,42 | |
| ARE, décamètre carré. | 26,34 | |
| Déciare. | 2,63 | |
| Centiare, mètre carré. | 0,26 | |

Les mesures de capacité, sont : IV. Mesures de capacité.

| | | |
|---|---|---|
| Kilolitre, mètre cube. | 29,2032 | pieds cubes. |
| Hectolitre. | 2,9203 | |
| Décalitre. | 0,2920 | |
| LITRE, décimètre cube. | 50,4641 | pouces cubes. |
| Décilitre. | 5,0464 | |
| Centilitre. | 0,5046 | |
| Millilitre, centimètre cube. | 0,0505 | |

Les mesures pour les bois, sont : V. Mesures pour les bois.

| | | |
|---|---|---|
| STÈRE, mètre cube. | 29,2032 | pieds cubes. |
| Décistère. | 2,9203 | |
| Centistère. | 0,2920 | |
| Millistère, décimètre cube. | 0,0292 | |

VI. Poids.

Les poids, sont :

| | l. | o. | g. | grains. |
|---|---|---|---|---|
| Myriagramme. | 20 | 7 | 0 | 58 |
| Kilogramme, poids du décimètre cubique d'eau. (1) | 2 | 0 | 5 | 49 |
| Hectogramme. | | 3 | 2 | 12,1 |
| Décagramme. | | | 2 | 44,41 |
| GRAMME, poids du centimètre cubique d'eau. (1) | | | | 18,841 |
| Décigramme. | | | | 1,884 |
| Centigramme. | | | | 0,188 |
| Milligramme, poids du millimètre cubique d'eau. (1) | | | | 0,019 |

VII. Monnoies.

Les monnoies se divisent en franc, décimes et centimes.

L'unité monétaire est une pièce d'argent du poids de cinq grammes, contenant un dixième d'alliage et neuf dixièmes d'argent pur; elle s'appelle FRANC, et se subdivise en décimes et centimes; sa valeur est à celle de l'ancienne livre dans le rapport de 81 à 80.

| | Valeur en livres tournois. | | |
|---|---|---|---|
| | liv. | sous. | deniers |
| FRANC. | 1 | 0 | 3 |
| Décime. | | 2 | 0,3 |
| Centime. | | | 2,43 |

Les monnoies d'or contiendront, ainsi que celles d'argent, un dixième d'alliage et neuf dixièmes de métal pur.

VIII. Division du cercle.

Le cercle se divise ainsi qu'il suit :

Le quart du cercle est divisé en 100 degrés;
Le degré en 100 minutes;
La minute en 100 secondes.

Le degré vaudra 54' de l'ancienne division;
La minute vaudra 32'',4;
Et la seconde 0'',324.

(1) Eau distillée à la température de la glace.

Longueur du degré terrestre 100000 mètres.
Minute terrestre 1000 mètres.
Seconde terrestre 10 mètres.
Rayon moyen de la terre 6366198 mètres.

IX. Division du jour.

Le jour astronomique sera divisé en 10 heures ;
L'heure en 100 minutes ;
La minute en 100 secondes.

Longueur du pendule à seconde décimale, prise à 50 degrés de latitude, ou à 45 degrés de l'ancienne division, 741 millimètres 37 centièmes, et en anciennes mesures, 27 pouces 396 millièmes.

X. Division des thermomètres et baromètres.

Le thermomètre sera divisé en 100 degrés, depuis le terme de la glace fondante jusqu'à celui de l'eau bouillante : 10 degrés de ce thermomètre font 9 degrés de thermomètre de *Réaumur*, et 18 degrés de celui de *Farenheit*.

L'échelle des baromètres sera divisée en centimètres, et les centimètres supérieurs seront divisés en millimètres. *Extrait du bulletin décadaire.*

## MINUTE DES JUSTICES DE PAIX.

---

Le commissaire du directoire doit viser le reçu que donne l'administration municipale aux juges de paix, du dépôt de leurs actes en matière civile, dans le local de la maison de l'administration municipale, qui est désigné par ladite administration. *A. du 28 brumaire, an 6, art. 1 et 2. B. 159, nº. 1562.*

Le commissaire doit viser le reçu du dépôt des minutes.

# NOM.

Aucun citoyen ne peut porter de nom ni de prénom, autres que ceux exprimés dans son acte de naissance; ceux qui les ont quittés, sont tenus de les reprendre. *L. du 6 fructidor, an 2, article premier. B. 43, n°. 240, première série.* Il est également défendu d'ajouter aucun surnom à son nom propre, à moins qu'il n'ait servi jusqu'ici à distinguer les membres d'une même famille, sans rappeller des qualifications féodales ou nobiliaires. *Art. 2.* Le tout sous peine de six mois d'emprisonnement et d'une amende égale au quart du revenu de chaque contrevenant; et en cas de récidive, de la dégradation civique. *Art. 3.* Tous les fonctionnaires publics ne peuvent désigner dans les actes d'autres noms que ceux ci-dessus, ni en exprimer d'autres dans les expéditions ou extraits qu'ils délivreront à l'avenir. *Art. 4,* à peine d'être destitués et condamnés à une amende égale au quart de leur revenu. *Art. 5.* Tout citoyen peut dénoncer les contraventions à la présente loi à l'officier de police, dans les formes ordinaires. *Art. 6.* L'accusation se porte pour la première fois pardevant le tribunal de police correctionnelle; et en cas de récidive, pardevant le tribunal criminel du département. *Art. 7.*

I. Nom qu'il est permis de porter et peines contre les contrevenans.

Les commissaires du directoire sont chargés de dénoncer aux officiers de police judiciaire toute contravention aux articles ci-dessus. *A. du 19 nivôse, an 6, art. 1. B. 177, n°. 1660.* Ils sont pareillement chargés de dénoncer aux accusateurs publics les officiers de police judiciaire, qui ne poursuivroient pas les contreve-

II. Les commissaires doivent dénoncer les contraventions.

nans, et de requérir qu'ils soient eux-mêmes poursuivis conformément aux dispositions des articles 284 et suiv. du code des délits et des peines. *Art.* 2.

# NOTAIRES.

## Greffiers, huissiers.

---

I. Ils peuvent seuls faire les prisées, etc. peines des contrevenans.

Il est défendu à tous autres que les notaires, greffiers et huissiers, de s'immiscer dans les prisées, estimations et ventes publiques de meubles et effets mobiliers, soit qu'elles soient faites volontairement après inventaire, ou par autorité de justice, en quelque sorte et manière que ce puisse être, et sans aucune exception. *L. des 26 juil. 1790 et 17 sept. 1793; et A. du 12 fruct. an 4, art. 1. B. 72, n°. 666.* Les contrevenans seront poursuivis devant les tribunaux à la requête et diligence des commissaires du directoire près les administrations, pour être condamnés aux amendes portées par les réglemens non abrogés, et sans préjudice des dommages-intérêts des notaires, etc. pour raison desquels ceux-ci se pourvoiront contre eux, ainsi qu'ils aviseront. *A. du 12 fructidor, an 4, art. 2.*

II. En cas de décès d'un notaire, ce que doivent faire les commissaires.

Lors de la démission ou du décès d'un notaire public, au remplacement duquel il n'y aura pas lieu de pourvoir, le commissaire du directoire exécutif près de l'administration municipale, dans l'arrondissement de laquelle lesdites démission ou décès auront eu lieu, en donnera sur-le-champ avis au commissaire près de l'administration centrale, qui le transmettra au commissaire près le tribunal civil; celui-ci en donnera avis dans la décade, au ministre de la justice. *A. du 2 vendémiaire, an 7, art. 1. B. 229, n°. 2042.*

Les auteurs, chefs et instigateurs qui auroient provoqué, présidé ou rédigé des délibérations ou conventions par lesquelles les ouvriers de manufactures de papier refuseroient de concert, ou n'accorderoient qu'à un prix déterminé le secours de leur industrie ou de leurs travaux, seront cités devant le tribunal correctionnel à la requête du commissaire du directoire près l'administration municipale, et condamnés chacun à 500 f. d'amende. *L. du 17 juin 1791, et A. du 16 fructidor, an 4, art. 1. B. 73, n°. 674.* Néanmoins chaque ouvrier peut individuellement dresser des plaintes et former ses demandes; mais il ne peut, en aucun cas, cesser le travail, sinon pour cause de maladie ou infirmité dûment constatée. *Art. 2, et loi du 23 nivôse, an 2, art. 5.* Si lesdites délibérations ou conventions, affiches apposées, ou lettres circulaires contenoient quelques menaces contre les entrepreneurs, artisans, ouvriers ou journaliers étrangers qui viendroient travailler dans le lieu, ou contre ceux qui se contenteroient d'un salaire inférieur; tous auteurs, instigateurs et signataires des délits, actes ou écrits, seront punis d'une amende de 1000 liv. chacun, et de trois mois de prison. *Art. 3, et loi du 17 juin 1791.*

I. Poursuites contre ceux qui prendroient des délibérations pour ne pas travailler.

Les amendes entre ouvriers; celles mises par eux sur les entrepreneurs, seront considérées et punies comme simple vol. Le simple vol est, outre les restitutions et dommages-intérêts, puni d'un emprisonnement qui ne peut excéder deux

II. Amendes prononcées par les ouvriers contre les entrepreneurs considérées comme vol.

ans ; la peine est double en cas de récidive. *Art. 4, et l. cit.* Les proscriptions, défenses et interdictions connues sous le nom de *damnations*, seront regardées comme des atteintes portées à la propriété des entrepreneurs ; ceux-ci sont tenus de dénoncer aux juges de paix les auteurs ou instigateurs de ces délits, qui seront mis sur-le-champ en état d'arrestation, et poursuivis à la requête du commissaire du directoire près l'administration municipale du canton, devant le tribunal correctionnel de l'arrondissement, pour y être jugés conformément à l'article précédent. *Art. 5, l. cit.*

III. Les ouvriers peuvent être employés à toutes les fonctions du métier.

Les fabricans pourront employer ceux de leurs ouvriers ou apprentifs qu'ils jugeront à propos, à celles des fonctions du métier de papetier qu'ils trouveront leur être le plus convenables, sans qu'aucun des ouvriers puisse s'y opposer pour quelque cause et sous quelque prétexte que ce soit, à peine de trois francs d'amende payable par corps contre chacun des compagnons qui auroient formé de pareilles oppositions, et de plus grande peine s'il y échéoit. *Art. 11.*

IV. Temps du travail.

Les ouvriers sont tenus de faire le travail de chaque journée, moitié avant midi, et l'autre moitié après midi, sans qu'ils puisent forcer leur travail sous quelque prétexte que ce soit, ni le quitter pendant le courant de la journée, sans le congé du fabricant, à peine, en cas de contravention, de trois francs d'amende payable par corps contre chaque ouvrier, applicables au profit des pauvres de l'hôpital le plus prochain du lieu où les jugemens seront rendus. *Art. 16.* Défenses sont faites à tous ouvriers de commencer leur travail, tant en hiver qu'en été, avant trois heures du matin, et aux fabricans de les y admettre avant cette heure, ni d'exiger d'eux des tâches extraordinaires, appellées *avantages*, à peine de 50 f. d'amende contre les fabricans, et de 3 f. contre les ouvriers pour chaque contravention ; lesdites amendes applicables comme ci-dessus. *Art. 17.*

V. Compétence des délits concernant les papéteries.

Les affaires dans lesquelles il y aura lieu à amende ou emprisonnement, seront portées devant le tribunal de police, ou devant le tribunal correctionnel, suivant leur compétence. *Art. 19.*

# PASSAVANT.

Le passavant qui se donne sur les frontières, pour le transport des grains, pour être valable, lorsqu'il est délivré par le président de l'administration municipale du domicile du propriétaire, doit être signé par le commissaire du directoire. *L. du 26 ventôse, an 5, art. 4. B. 113, n°. 1082.*

Sa forme pour le transport des grains.

## PASSAVANT.

Le passavant qui se donne sur les frontières, pour le transport des grains, pour être valable, lorsqu'il est délivré par le président de l'administration municipale du domicile du propriétaire, doit être signé par le commissaire du directoire. *L. du 26 ventôse, an 5, art.* 4. *B.* 113, n°. 1085. Sa forme pour le transport des grains.

# PASSE-PORT.

I. *On ne peut voyager sans passe-port.*

Nul individu ne peut quitter le territoire de son canton, ni voyager sans être muni et porteur d'un passe-port signé par les officiers municipaux de la commune ou administration municipale du canton. *L. du 10 vendémiaire, an 4, tit. III, art. 1. B. 188, n°. 1142, 1re. série.*

II. *Ils ne doivent être donnés qu'à ceux qui sont connus, et en cas de non-connoissance, il faut des témoins.*

Les membres des administrations et autorités chargées par les lois, de la délivrance des passe-ports, ne doivent en donner qu'aux citoyens qu'ils connoissent personnellement : s'ils ne les connoissent pas, ils ne les délivreront que sur l'attestation de deux citoyens connus, dont les noms seront désignés dans le passe-port qu'ils seront tenus de signer; et s'ils ne savent pas signer, il en sera fait mention. *L. du 17 ventôse, an 4, art. 1. B. 30, n°. 204.*

III. *Peines en cas de contravention.*

Les fonctionnaires publics qui contreviendroient à l'article précédent, seront destitués de leurs fonctions, et punis, par voie de police correctionnelle, d'un emprisonnement qui ne peut être moindre de trois mois, ni excéder une année. *Art. 2.*

IV. *Forme des passe-ports.*

Tout passe-port doit contenir le signalement de l'individu, sa signature, ou sa déclaration qu'il ne sait signer, référer le numéro de son inscription au tableau de la commune, et doit être renouvellé au moins une fois par an. *L. du 10 vendémiaire, an 4, tit. III, art. 3.* Si les voyageurs sont conscrits, les passe-ports doivent encore indiquer la classe des conscrits dans laquelle ils sont compris, et le corps auquel ils sont attachés. *L. du 19 fruct. an 6, art. 52. B. 223, n°. 1995.* Le passe-port doit encore désigner les lieux où le voyageur doit se rendre, et être visé par le commissaire du directoire près de l'administration chargée de la délivrance des passe-ports. *L. du 28 vendémiaire, an 6. art. 1. B. 154, n°. 1502.* Les citoyens qui seroient forcés de faire changer sur leurs passe-ports l'indication des lieux où ils veulent se rendre, se présenteront à l'administration municipale du canton où ils se trouvent, pour s'y en faire délivrer de nouveaux. Une copie du passe-port ainsi renouvellé sera adressée à l'administration municipale du canton où se trouve le domicile du citoyen qui l'aura obtenu. *Art. 5.*

V. Peine contre ceux qui signeroient des passe-ports sous des noms supposés.

Les administrateurs et commissaires qui délivreroient et signeroient des passe-ports sous des noms supposés, ou autrement, pour voyager dans l'interieur, aux individus qui, d'après les lois des 19 fructidor, an 5, et jours suivans, doivent sortir du territoire de la république, seront traduits pardevant le tribunal criminel du département, pour y être condamnés à une détention qui ne peut durer moins d'un an, ni excéder deux ans. *Art. 6.*

VI. Étranger arrivant en France.

Le commissaire près l'administration municipale de chaque port de mer ou commune frontière de la république, devant laquelle se présentera tout étranger arrivant en France, est tenu d'adresser sur-le-champ à l'accusateur public, au commissaire du directoire exécutif près le tribunal criminel du département, au commissaire près l'administration centrale, copie duement certifiée du passe-port de cet étranger, et des autres pièces qui paroîtroient devoir être envoyées au ministre de la police générale. *A. des 4 nivôse, au 5, art. 1. B. 98, nº. 925; et 12 germinal, an 5, art. 1. B. 116, nº. 1117.*

# PATENTES POUR L'AN 7.

Dans toute l'étendue de la république, ceux qui exerceront le commerce, l'industrie, les métiers ou professions désignés dans le tarif, seront tenus de se munir d'une patente et d'en payer les droits. *L. du 1er. brumaire, an 7, art. 3. B. 234, no. 2096.* I. Qui doit prendre patente?

Les commerce, industrie et profession, qui ne sont pas désignés dans le tarif, n'en sont pas moins assujétis à la patente : elle sera délivrée sous la désignation de la classe dans laquelle lesdits commerce, industrie ou profession seront placés d'après l'analogie des opérations ou des objets de commerce, par les administrations chargées de la délivrance des patentes. *Art. 35.* II. États non désignés dans le tarif, comment sont tarifiés?

Ne sont pas assujétis à la patente : III. Qui est exempt de la patente?

1o. Les fonctionnaires publics et employés salariés par la nation, en ce qui concerne seulement l'exercice de leurs fonctions ;

2o. Les laboureurs et cultivateurs seulement pour la vente des récoltes et fruits provenant des terreins qui leur appartiennent, ou par eux exploités, et pour le bétail qu'ils y élèvent ;

3o. Les commis, les ouvriers journaliers et toutes personnes à gages, travaillant pour autrui dans les maisons, ateliers et boutiques de ceux qui les emploient. Ne sont point réputés ouvriers travaillant pour le compte d'autrui, ceux qui travaillent chez eux pour les marchands et fabricans en gros et en détail, ou pour les particuliers, même sans compagnons, enseignes ni boutiques ; ils devront être pourvus de la patente de la sixième classe, ou de celle de leur profession désignée dans le tarif;

4°. Les peintres, graveurs, sculpteurs, considérés comme artistes, et ne vendant que le produit de leur art;

5°. Les officiers de santé attachés aux armées, aux hôpitaux, ou au service des pauvres, par nomination du gouvernement, ou des autorités constituées;

6°. Les sages-femmes;

7°. Les maîtres de la poste aux chevaux;

8°. Les pêcheurs;

9°. Les cardeurs, fileurs de laine et coton, les blanchisseuses, les savetiers, les tripiers;

10°. Ceux qui vendent en ambulance dans les rues, dans les lieux de passage et dans les marchés des communes, les fruits, les légumes, le beurre, les œufs, le fromage et autres menus comestibles. Tous ceux qui vendront d'autres objets, même en ambulance, échoppe ou étalage, paieront la moitié des droits que paient ceux qui vendent en boutique. *Art.* 29.

IV. Division des patentes. Les droits de patentes se divisent en droits fixes et en droits proportionnels; les premiers sont ceux réglés par le tarif; les seconds sont le dixième du loyer ou des maisons d'habitation, ou des usines, ou des ateliers, ou des magasins, ou des boutiques, suivant la nature du commerce ou de l'industrie, justifié par baux authentiques pour les locataires, et par l'extrait du rôle de la contribution foncière pour les propriétaires, ou d'après la simple déclaration du requérant patenté; sauf l'évaluation, s'il y a lieu à défaut de baux et de cote particulière dans le rôle de la contribution pour les lieux destinés au commerce, ou à l'exercice de l'industrie et profession du propriétaire de maison." *Art.* 5. Les droits fixes et proportionnels doivent être payés par tous ceux qui sont dans les cinq premières classes du tarif, ou dont le droit fixe est de 40 f. et au-dessus, quand leur état est hors de classe. Il n'est dû que le droit fixe par ceux qui sont dans la sixième classe et au-dessous, ou dont l'état, quand il est hors des classes, ne donne lieu qu'à un droit fixe de 30 f. et au-dessous. *Art. 6.*

Nul n'est obligé à prendre plus d'une patente, quelles que soient les diverses branches de commerce, profession ou industrie, qu'il exerce ou veuille exercer. Dans ce cas la patente est due pour le commerce, profession ou industrie, qui donne lieu au plus fort droit. *Art.* 24. Tout citoyen qui, après avoir pris une patente, entreprendra un commerce, une profession ou un métier de la classe supérieure à celle de sa patente, sera tenu de prendre une nouvelle patente de cette classe, et d'en payer le droit fixe au prorata, conformément à l'art. IV : dans ce cas il y sera fait déduction du premier droit fixe, et il ne sera pas dû un second droit proportionnel, quand il aura été payé pour la première patente, mais un supplément au prorata, s'il y a de nouveaux établissemens d'une valeur locative supérieure à celle des premiers. *Art.* 26. Tout citoyen muni d'une patente pourra exercer son commerce, sa profession ou industrie dans toute l'étendue de la république, en payant au receveur de l'enrégistrement de toutes les communes où il aura des établissemens, le droit proportionnel pour les maisons d'habitation, usines, ateliers, magasins et boutiques qu'il occupera. La patente lui sera délivrée dans la commune de son domicile, sur la représentation des quittances des receveurs des communes

V.
On n'est pas tenu d'en prendre plusieurs.

où il aura des établissemens, et il en sera fait mention dans la patente. *Art.* 27. Si un citoyen patenté change son domicile pendant le courant de l'année, la patente lui servira dans la nouvelle commune qu'il habitera, en payant au prorata le droit proportionnel des maisons d'habitation, usines, ateliers, magasins et boutiques qu'il y prendra, et un supplément, aussi au prorata, du droit fixe, s'il est plus fort pour la même classe dans la nouvelle commune. S'il y avoit changement de classe supérieure, le droit fixe seroit payé au prorata, conformément à l'art. XXVI. *Art.* 28.

VI.

Elles sont personnelles ; conséquence de ce principe.

Les patentes sont personnelles, et ne peuvent servir qu'à ceux qui les obtiennent ; en conséquence chaque associé d'une même maison de banque, de commerce en gros ou en détail, et de toute autre profession ou industrie assujétie à la patente, sera tenu d'avoir la sienne. Ces dispositions ne s'appliquent pas aux associés en commandite, qui ne sont point assujétis à la patente ; ni aux maris et femmes auxquels une seule patente suffira, en prenant celle de la classe supérieure, s'ils font plusieurs états, et payant le droit proportionnel de tous les lieux qu'ils occuperont, quand il est exigible ; à moins qu'il n'y ait entr'eux séparation de biens, auquel cas chacun d'eux doit avoir sa patente et payer séparément les droits fixes et proportionnels. Quand les associés occuperont en commun la même maison d'habitation, les mêmes usines, ateliers, magasins et boutiques, il ne sera dû qu'un droit proportionnel, qui sera payé en entier par l'un d'eux ; les autres ne paieront que le droit fixe. *Art.* 25.

VII.

On ne peut former de demande sans patente.

Nul ne pourra former de demande, ni fournir aucune exception ou défense en justice, ni faire aucun acte ou signification par acte extrajudiciaire pour tout ce qui seroit relatif à son commerce, sa profession ou son industrie, sans qu'il soit fait mention en tête des actes, de la patente prise avec désignation de la classe, de la date du numéro, et de la commune où elle aura été délivrée, à peine d'une amende de 500 f. etc. Le rapport de la patente ne pourra suppléer au défaut de l'énonciation, ni dispenser de l'amende. *Art.* 37.

VIII. On doit exhiber de sa patente à la première réquisition.

Tout citoyen qui expose des marchandises en vente, dans quelque lieu que ce soit, est tenu d'exhiber sa patente toutes les fois qu'il en est requis par les juges de paix, commissaires de police, administrateurs, agens ou adjoints municipaux et commissaires du pouvoir exécutif. Si celui qui n'est point pourvu de patente, ou qui ne la représente point, vend hors de son domicile, les objets exposés en vente seront saisis ou séquestrés aux frais du vendeur, jusqu'à la représentation d'une patente convenable. S'il vend à son domicile, il sera dressé un procès-verbal qui sera envoyé au commissaire du directoire exécutif près l'administration municipale, pour faire poursuivre le contrevenant conformément à la présente loi. *Art.* 38.

IX. Délai pour les prendre.

Les patentes seront prises dans les trois premiers mois de l'année, pour l'année entière, sans qu'elles puissent être bornées à une partie de l'année. Ceux qui entreprendront dans le courant de l'année un commerce, une profession, une industrie sujets à patente, ne devront le droit qu'au prorata de l'année calculée par trimestre, et sans qu'un trimestre puisse être divisé : ils seront tenus de payer le prorata dans le premier mois de leur établissement. Aucune patente ne sera délivrée au prorata que sur le vu du certificat de l'administration municipale du canton, etc. *Art.* 4. Les droits de patente seront acquittés en entier, suivant le tarif, entre les mains du receveur de l'enrégistrement du domicile du redevable, dans les trois premiers mois. Ce délai passé, les redevables seront contraints : ils seront en conséquence avertis par les receveurs de l'enrégistrement ; dix jours après l'avertissement le paiement sera poursuivi par la saisie et vente des marchandises et meubles des contribuables en retard. *Art.* 7. Les droits de patente seront payés, soit avant la remise des tableaux ci-après mentionnés, soit par les citoyens qui n'y seroient pas portés, parce qu'ils auroient changé de domicile, ou formé un établissement sujet à patente, postérieurement à la rédaction du tableau. *Art.* 15. En cas de paiement antérieur à la remise des tableaux, il y a lieu à un supplément, si la taxe du tableau se trouve plus forte que la somme payée. *Art.* 16.

X. Tableau des citoyens sujets à patente.

Dans le mois de la publication de la présente, les agens de chaque commune ont été tenus de dresser un tableau de tous ceux qui y exercent le commerce, industrie, métier ou profession désignés par le tarif. Ce tableau contiendra par colonnes les noms, demeures, professions et loyers de ceux qui y sont compris. Une cinquième colonne sera réservée en blanc ; ils remettront ce tableau, avant l'expiration du même mois, au commissaire du directoire près l'administration municipale du canton. *Art.* 9. Le commissaire présentera ce tableau à l'administration municipale du canton, dans la séance qui en suivra immédiatement la remise, pour faire remplir la colonne restée en blanc, de la somme due suivant le tarif, et faire arrêter par les administrateurs le montant des sommes fixées dans le tableau de chaque commune. Il pourra faire, lors de ladite opération, toutes observations et réquisitions qu'il jugera convenables. *Art. 10.* Lorsque les tableaux fournis par l'agent de chaque commune, auront été arrêtés par l'administration municipale du canton, le commissaire du directoire près cette administration réunira avec le même ordre, et en laissant une sixième colonne en blanc, dans un tableau général, tous les tableaux de chaque commune du canton, et l'enverra au commissaire du directoire près l'administration centrale. Il remettra ensuite à chaque agent le tableau particulier de la commune. *Art. 11.* Le commissaire du directoire près l'administration centrale soumettra, sans retard, à cette administration les tableaux généraux de chaque canton, pour être arrêté par elle, en lui proposant les observations, et faisant toutes réquisitions qu'il jugera convenables, et les renverra au commissaire du directoire exécutif près chaque administration de canton. *Art. 12.* Aussi-tôt que les commissaires du directoire exécutif près les administrations de canton, auront reçu les tableaux arrêtés par l'administration centrale, ils les remettront aux receveurs de l'enrégistrement du canton. Ceux-ci feront mention dans la colonne réservée en blanc, des droits de patente acquittés; et après l'expiration du délai fixé par l'art. IV, ils poursuivront, pour la totalité des droits, ceux qui ne les auront point acquittés, et pour le supplément ceux qui l'auront payé à un taux moins fort que la taxe du tableau. *Art. 13.* Dans les communes qui, à raison de leur population, ont pour elles seules une administration municipale, les tableaux mentionnés dans les articles ci-dessus seront dressés par les officiers municipaux, et remis au commissaire du directoire exécutif près cette administration, pour agir conformément à la présente loi. *Art.* *14.* Les receveurs dresseront un état particulier des citoyens qui auront payé les droits de patente, et qui ne se trouveroient pas compris dans le tableau général; ils l'enverront à la fin de chaque trimestre, au commissaire du directoire exécutif près l'administration municipale du canton, pour qu'il soit vérifié et arrêté de la manière indiquée par les art. x et xi. *Art. 17.*

XI. Réclamation contre le tableau.

Ceux qui se croiront fondés à réclamer, soit contre l'insertion de leurs noms au tableau des redevables du droit de patente, soit sur le taux de taxe, pourront, ou avant l'avertissement du receveur, ou dans les dix jours de cet avertissement, faire leur réclamation, d'abord à l'administration municipale, ensuite à l'administration centrale. Il y sera statué de la manière prescrite pour les réclamations en matière d'imposition, par l'instruction annexée à la loi du 22 brumaire, an 6 (1). *Art. 23.*

XII. Dégrevement.

Les administrations chargées de la délivrance des patentes, sont autorisées à faire descendre dans la classe immédiatement inférieure, ou la suivante, les citoyens qui justifieront l'impossibilité où ils sont d'acquitter les droits de leur classe. L'arrêté pris à ce sujet par les administrations, sera motivé et mentionné dans la patente; il sera envoyé à l'administration centrale, pour être approuvé par elle s'il y a lieu. *Art. 40.*

---

(1) V. RÉDUCTION DES CONTRIBUTIONS EN GÉNÉRAL.

Les receveurs tiendront un registre particulier de la recette des droits de patente : il leur sera délivré par le directeur de la régie sur papier non timbré, et sera coté et paraphé par le président de l'administration municipale du canton ou de la commune. *Art.* 8.

XIII. Registre de recette.

Dans la première décade de chaque mois, les receveurs de l'enrégistrement remettront l'état de leurs recettes et de leurs contraintes, par chaque commune, au commissaire du directoire exécutif près l'administration municipale du canton ou de la commune, lequel enverra un double certifié par lui au commissaire du directoire près l'administration centrale. Ce dernier dressera sur les doubles l'état général de la recette des patentes du département, et l'adressera chaque mois au ministre des finances. *Art.* 18.

XIV. État des recettes et contraintes.

Les quittances des receveurs seront échangées contre les patentes dans les dix jours de leur date. *Art.* 19.

XV. Forme des patentes.

Les patentes seront expédiées par l'administration municipale du canton ou de la commune : elles seront signées par un des administrateurs et le secrétaire, et visées par le commissaire du directoire exécutif ; le sceau de l'administration y sera apposé. *Art.* 20. Les quittances et patentes seront sur papier timbré aux frais de ceux à qui elles seront délivrées, et dans la même forme qu'en l'an V et l'an VI. Il ne pourra être perçu aucun autre droit que celui du timbre. *Art.* 21. Il sera tenu par le secrétaire de l'administration municipale, sur papier non timbré, un registre coté et paraphé par le président, sur lequel registre seront inscrites de suite et par ordre de numéros toutes les patentes qui seront délivrées. Les quittances seront conservées au secrétariat avec des numéros correspondans à celui de l'inscription sur les régistres. *Art.* 22. Ceux qui auront besoin de plusieurs expéditions de leur patente, pour en justifier dans d'autres cantons que celui de leur domicile, pourront les requérir sans autres frais que ceux du papier timbré. Il en sera de même pour ceux qui auront perdu leur patente; chaque expédition sera notée par premiere, deuxième, troisième, etc. et sera signée par le patenté, s'il sait signer; dans le cas contraire il en sera fait mention. Pour empêcher l'abus des duplicata, il sera libre aux administrations de faire vérifier les causes qui donneront lieu à des demandes de duplicata, et d'en refuser s'il y a lieu. *Art.* 39.

XVI. Tarif.

Tarif des patentes :

| *Noms des états ou professions.* | *Classes.* |
| --- | --- |
| Acier (*marchands en gros d'*) de fer et autres métaux. | 1re. |
| Acier (*marchands en détail d'*) de fer et autres métaux. | 4. |
| Agens et courtiers de change. | 1. |
| Amidonniers. | 3. |
| Apothicaires-pharmaciens. | 2. |
| Apprêteurs d'étoffes. | 4. |
| Architectes. | 2. |
| Ardoise (*marchand d'*) | 5. |
| Argenteurs. | 6. |
| Armateurs. | 1. |
| Armuriers. | 4. |
| Arpenteurs. | 6. |
| Aubergistes. | 3. |

| *Noms des états ou professions.* | *Classes.* |
|---|---|
| Bacs sur les fleuves et rivières. (*détenteurs, fermiers ou entrepreneurs de*) | 3. |
| Bains publics (*gens tenant*) | 4. |
| Balanciers. | 7. |
| Banquiers. | 500 f. |
| Baromètres. (*marchands de*) | 5. |
| Barques. (*V. constructeurs de barques*). | |
| Bâtimens. (*V. entrepreneurs de bâtimens*). | |
| Batteurs et tireurs d'or. | 5. |
| Bierre, cidre, eau-de-vie. (*Marchands en détail*) | 7. |
| Bijoutiers. | 2. |
| Billards. (*maîtres de*) | 3. |
| Bimblotiers ou marchands de jouets d'enfans. | 7. |
| Blatiers. | 5. |
| Bœufs, vaches, veaux, moutons, cochons. (*marchands de*) | 3. |
| Bois en chantiers. (*marchands de*) | |
| Les marchands de bois en chantiers ou magasins, ou exploitant ventes dans les bois, forêts et plantations de la république, des communes, ou des particuliers. | 1. |
| Bois. (*marchands en détail de*) | |
| N'exploitant point de ventes dans les bois, forêts et plantations de la république et des particuliers, et n'ayant ni chantiers ni magasins. | 4. |
| Bois de marine. (*marchands de*) | 1. |
| Boisseliers. | 6. |

| *Noms des états ou professions.* | *Classes.* |
|---|---|
| Bonnetiers. | 4. |
| Bouchonniers. | 5. |
| Boulangers. | 5. |
| Bouquinistes. | 6. |
| Boureliers. | 5. |
| Boutons. *(marchands de)* | 4. |
| Boyaudiers. | 5. |
| Brasseurs. | 2. |
| Briques. *(marchands de)* | 5. |
| Brodeurs. | 7. |
| Brossiers. | 5. |
| Cabaretiers. | 5. |
| Cabotage. *(propriétaires de bâtimens faisant le)* | 3. |
| Cannes. *(marchands de)* | 5. |
| Carossiers. | 3. |
| Carreleurs. | 6. |
| Cartiers et cartonniers. *(marchands)* | 3. |
| Cendres. *(laveurs de)* | 6. |
| Chanvres. *(marchands de)* | 5. |
| Chapeliers. | 4. |
| Charbons de terre. *(marchands en gros de)* | 1. |
| Charbonniers et marchands de charbons de terre en détail. | 7. |
| Chaircuitiers. | 3. |
| Charpentiers. | 5. |
| Charrons. | 5. |
| Chaudronniers. | 6. |
| Chaux et lattes. *(marchands de)* | 5. |
| Chevaux et autres bêtes de somme. *(marchands de)* | 3. |

| *Noms des états ou professions.* | *Classes.* |
|---|---|
| Chevaux. (*V. loueurs de chevaux.*) | |
| Chiffonniers en gros. | 1. |
| Chocolàs, macaronis et autres pâtes de même nature, (*marchands de*) | 5. |
| Cidres. (*V. bierres.*) | |
| Ciriers. | 3. |
| Cloutiers. | 7. |
| Cochons. (*V. bœufs*). | |
| Coffretiers-malletiers. | 6. |
| Colle. (*fabricans de*) | 6. |
| Colporteurs avec chevaux et autres bêtes de sommes. | 30 f. |
| Colporteurs avec balles, soit qu'il ait domicile ou non. | 20 f. |
| Comestibles. (*marchands de*) | 3. |
| Commissionnaires de marchandises. | 1. |
| Conducteurs de voitures pour le transport des voyageurs. | 7. |
| Confiseurs. | 2. |
| Constructeurs de navires. | 2. |
| Constructeurs de barques, bateaux et batelets. | 5. |
| Cordes et cordages. (*marchands de*) | 5. |
| Cordiers. | 6. |
| Cordonniers. | 7. |
| Cordonniers. (*marchands*) | 3. |
| Corroyeurs. | 3. |
| Coton. (*V. laines*). | |
| Coton. (*marchands en gros d'étoffes de*) | 1. |

| *Noms des états ou professions.* | *Classes.* |
|---|---|
| Coton. (*marchands en détail d'étoffes de*) | 2. |
| Couleurs. (*marchands de*) | 4. |
| Courtiers. (*V. agens de change*). | |
| Courtiers de navires et marchands. | 200 f. |
| Couteliers. | 4. |
| Couturières. | 7. |
| Couvertures de soie, coton ou laine. (*fabricans de*) | 4. |
| Couvreurs. | 4. |
| Crêmiers. | 6. |
| Cristaux. (*V. porcelaine*). | |
| Cuirs et peaux. (*marchands en détail de*) | 4. |
| Cuirs et peaux. (*marchand en gros de*) | 1. |
| Curiosité. (*marchands d'objets de*) | 4. |
| Déchireurs. (*V. mariniers*). | |
| Dégraisseurs. | 6. |
| Dentelles. (*marchands en gros de*) | 1. |
| Dentelles. (*marchands en détail de*) | 3. |
| Dentistes. | 4. |
| Directeurs d'agence, ou bureaux d'affaires. | 1. |
| Directeurs de spectacles. (*V. entrepreneurs*). | |
| Directeurs et entrepreneurs d'établissemens de ventes à l'encan. | 1. |
| Distilateurs. | 2. |
| Distilateurs d'eau forte. | 6. |
| Doreurs. | 6. |
| Draperie. (*marchands en gros de*) | 1. |

| *Noms des états ou professions.* | *Classes.* |
|---|---|
| Draperie, (*marchands en détail de*) | 2. |
| Droguerie. (*marchands de.*) | 1. |
| Droguerie et teinture. (*marchands en détail de.*) | 2. |
| Eau-de-vie. (*fabricans d'*) | 3. |
| Eau-de-vie. (*V. bierre*). | |
| Eau minérale. (*marchands d'*) | 6. |
| Ebénistes. | 4. |
| Écorce. (*marchands d'*) | 4. |
| Entrepreneurs de bâtimens. | 2. |
| Entrepreneurs de chaussées et routes. | 5. |
| Entrepreneurs de roulage. | 200 f. |
| Entrepreneurs d'établissemens de ventes à l'encan. (*V. directeurs*). | |
| Entrepreneurs de voitures publiques par terre et par eau. | 200 f. |
| Entrepreneurs, fournisseurs et munitionnaires de la république. | 1. |
| Entrepreneurs ou directeurs de spectacles ou autres amusemens publics dans lesquels les spectateurs paient leurs places; une représentation complette établie d'après le nombre et le prix de chaque place. | |
| Épicerie. (*marchands en gros*) | 1. |
| Épicerie. (*marchands en détail*) | 4. |
| Épingliers. | 7. |
| Éperonniers. | 4. |
| Éventaillistes. | 5. |

*Noms des états ou professions.* *Classes.*

Fabricans. Sont réputés fabricans ou manufacturiers tous ceux qui convertissent les matières premières en des objets d'une autre forme ou qualité, soit simple, soit composée, à l'exception néanmoins de ceux qui manipulent les fruits de leur récolte. *L. du 1er. brumaire, an 7, art. 32. B. 234, nº. 2094.*

Ils sont tenus de se munir d'une patente immédiatement supérieure à celle des marchands qui vendent en détail les objets de même genre que ceux qu'ils fabriquent. *Même art.* Cette règle souffre une exception à l'égard des fabricans à métiers, qui n'occupent ou n'entretiennent pas plus de cinq métiers, soit chez eux, soit hors de leur domicile ; ils ne sont assujétis, dans ce cas, qu'au droit de patente de la cinquième classe. *Art. 32.*

Fabricans à métier pour leur compte. 6.

Les fabricans à métier pour leur compte, sont ceux qui travaillent par eux-mêmes sans employer d'ouvriers, et qui, n'ayant ni boutique ni magasin, vendent à fur et mesure les produits de leurs travaux. *Art. 33.*

Facteurs. (*V. instrumens de musique, etc.*)

Fayence. (*marchands de*) 4.

Fer. (*V. acier*).

Ferblantiers. 5.

Ferrailleurs. 7.

Fil. (*V. laine*).

Filasse. (*V. lin*).

Fleurs artificielles (*marchands de*) 4.

Fondeurs. 6.

| *Noms des états ou professions.* | *Classes.* |
|---|---|
| Fontainiers. | 7. |
| Forains avec voitures. *(marchands)* | 40 f. |
| Fourage. *(marchands de)* | 6e. |
| Fourbisseurs. | 6. |
| Foureurs. | 3. |
| Fournisseurs de la république. | 1. |
| Frippiers. | 4. |
| Fruitiers en boutique. | 6. |
| Fumistes. | 5. |
| | |
| Gainiers. | 7. |
| Galochiess. | 7. |
| Galoniers. | 5. |
| Gantiers. | 4. |
| Gazes. *(marchands en gros de)* | 1. |
| Gazes. *(marchands en détail de)* | 3. |
| Gibier. *(marchands de)* | 6. |
| Grains autres que celui de leur récolte. *(marchands de)* | 3. |
| Grains. *(V. mesureurs)*. | |
| Grainiers. | 6. |
| Graveurs sur métaux. | 7. (1) |
| Gravures. *(V. tableaux)*. | |
| | |
| Herboristes. | 6. |
| Hôtels garnis. *(V. maîtres d'hôtels garnis)*. | |
| Horlogers. | 2. |
| Huissiers. | 3. |
| Huissiers-priseurs. | 3. |

(1) V. n°. 111.

| *Noms des états ou professions.* | *Classes.* |
|---|---|
| Jaugeurs de liquides. (*V. peseurs-jurés.* | |
| Jouailliers. | 2. |
| Imprimeurs. | 2. |
| Imprimeurs en taille douce. | 6. |
| Instrumens de phisique, d'astronomie et de mathématiques. (*facteurs d'*) | 5. |
| Laine, fil et coton en détail. (*marchands de*) | 3. |
| Lamiers. | 6. |
| Lapidaires. | 2. |
| Lattes. (*V. chaux*). | |
| Layettiers. | 5. |
| Libraires. | 4. |
| Limonadiers. | 3. |
| Lin et filasse. (*marchands de*) | 5. |
| Lingères. (*marchandes*) | 5. |
| Linons. (*marchands en gros de*) | 1. |
| Linons (*marchands en détail de*) | 3. |
| Liqueurs. (*marchands en détail de*) | 3. |
| Liqueurs. (*marchands en gros de*) | 1. |
| Loueurs de chevaux et de voitures suspendues. | 4. |
| Lunettiers. | 5. |
| Luthiers. | 5. |
| Macaroni. (*V. chocolat*). | |
| Maîtres d'hôtels garnis. | 3. et le 40e. du prix total de la valeur de leurs locations. *Art. 34.* |

| *Noms des états ou professions.* | *Classes.* |
|---|---|
| Maltetiers. ( *V. coffretiers* ). | |
| Manchoniers. | 3. |
| Manufacturiers. ( *V. fabricans* ). | |
| Marbriers | 6. |
| Marchands de bois. ( *V. bois* ). | |
| Marchands forains avec voitures. | 40 f. |
| Marchands en gros. ( *V. négocians* ). | |

Sont réputés marchands en gros, quelque soit leur commerce, tous ceux qui font des reventes sous les enveloppes usitées, pour les premières entrées dans le commerce, des objets commerçables. *L. du 1er. brumaire, an 7, art. 30. B. 234, no. 2095.*

Tous citoyens placés, d'après la notoriété publique, sur les listes des citoyens sujets à patentes, soit comme marchands en gros, soit comme associés à un commerce, et qui se prétendront simplement marchands en détail, commendataires ou commis, seront admis à justifier, dans les lieux où s'élève la contestation, de la nature de leur commerce et de leur véritable qualité, par la représentation de leurs journaux et registres, ainsi que des actes de société. *Art. 31.*

| | |
|---|---|
| Maréchaux-ferrans. | 6. |
| Mariniers en chef et déchireurs de bateaux. | 5. |
| Mégissiers. | 5. |
| Menuisiers. | 5. |
| Mercerie. ( *marchands en gros de* ) | 1. |
| Merciers. ( *marchand en détail* ) | 3. |
| Mesureurs de sel et maîtres de traçons. | 4. |
| Mesureurs de toiles et autres étoffes. | 4. |
| Meubles. ( *marchands de* ) | 4. |

| *Noms des états ou professions.* | *Classes.* |
|---|---|
| Meûniers. | 5. |
| Miroitiers. | 5. |
| Modes. ( *marchandes de* ) | 4. |
| Mousselines. ( *marchands en gros de* ) | 1. |
| Mousselines. ( *marchands en détail de* ) | 2. |
| Moutons. ( *V. bœufs* ). | |
| Munitionnaires de la république. | 1. |
| Musique et de cartes de géographie. ( *marchands de* ) | 5. |
| Natiers. | 6. |
| Navires. ( *V. constructeurs de navires* ). | |
| Négocians. | 1. |
| Notaires. | 2. |
| Officiers de santé (1). | 4. |
| Opticiens. | 5. |
| Orfèvres. | 2. |
| Papier. ( *marchands de* ) | 3. |
| Papier peint ( *marchands de* ) | 4. |
| Parassols. ( *marchands de* ) | 6. |
| Parcheminiers. | 6. |
| Parfumeurs. | 4. |
| Passementiers. | 7. |
| Patachiers. | 7. |
| Pâtissiers. | 3. |
| Pavés. ( *entrepreneurs de* ) | 5. |

(1) V. n°. 111.

| *Noms des états ou professions.* | *Classes.* |
|---|---|
| Paumiers. | 3. et le 20e. du prix total de la valeur de leur location. *Art.* 34. |
| Peaux. ( *V. cuirs* ). | |
| Peaux pour l'habillement et l'armement. ( *marchands de* ) | 6. |
| Perruquiers. | 7. |
| Perruquiers-coeffeurs de femmes. | 4. |
| Peseurs-jurés-jaugeurs de liquides. | 3. |
| Pharmaciens. ( *V. apothicaires* ). | |
| Plâtre. ( *marchands de* ) | 5. |
| Plâtriers. | 6. |
| Plumes peintes. ( *marchands de* ) | 4. |
| Plombiers. | 4. |
| Poëliers. | 5. |
| Poisson frais et sallé. ( *marchands de* ) | 7. |
| Pompiers. | 7. |
| Porcelaine, crystaux. ( *marchands de* ) | 4. |
| Potasse. ( *V. salins* ). | |
| Potiers d'étain. | 6. |
| Potiers de terre. | 6. |
| Poudre à tirer. ( *marchands de* ) | 5. |
| Quincaillerie. ( *marchands en gros de* ) | 1. |
| Quincaillerie. ( *marchands en détail de* ) | 4. |
| Relieurs. | 7. |
| Résine. ( *marchands de* ) | 5. |
| Restaurateurs. | 2. |
| Restaurateurs de tableaux. | 6. |
| Rotisseurs. | 3. |

| *Noms des états ou professions.* | *Classes.* |
|---|---|
| Revendeurs. | 6. |
| Roulage. (*entrepreneurs de*) | 200 f. |
| Rubaniers. | 6. |
| Rubans. (*marchands de*) | 3. |
| Sabots. (*marchands de*) | 7. |
| Salins et potasse. (*marchands de*) | 6. |
| Santé. (*V. officier de*) | |
| Spectacles. (*V. entrepreneurs*). | |
| Sel. (*marchands de*). | 7. |
| Sel. (*V. mesureurs*). | |
| Selliers. | 4. |
| Serruriers. | 4. |
| Soieries. (*marchands en gros de*) | 1. |
| Soieries. (*marchands en détail d'étoffes de*) | 2. |
| Tabac. (*marchands de*) | 6. |
| Tableaux et gravures en boutiques. (*marchands de*) | 5. |
| Tablettiers. | 5. |
| Taillandiers. | 4. |
| Tailleurs. (*marchands*) | 3. |
| Tailleurs d'habits. | 7. |
| Tailleurs de pierre. | 7. |
| Tan. (*marchands de*) | 4. |
| Tanneurs. | 3. |
| Tanneurs. (*marchands*) | 1. |
| Tapissiers. | 3. |
| Teintures. (*V. drogueries*). | |
| Teinturiers. | 6. |
| Tisserands. | 7. |
| Toilerie. (*marchands en gros de*) | 1. |
| Toilerie. (*marchands en détail de*) | 2. |

| *Noms des états ou professions.* | *Classes.* |
|---|---|
| Tondeurs et friseurs de laine. | 6. |
| Tonneliers. | 6. |
| Tourbe. | 4. |
| Tourbe. (*V. charbon*). | |
| Tourneurs en bois. | 7. |
| Tourneurs sur métaux. | 5. |
| Traiteurs. | 2. |
| Tuiles. (*marchands de*) | 5. |
| Vaches. (*V. bœufs*). | |
| Vanniers. | 6. |
| Veaux. (*V. bœufs*). | |
| Verres et verreries. (*marchands de* | 4. |
| Vidanges. (*entrepreneurs de*) | 5. |
| Vins. (*marchands en gros de*) (1) | 1. |
| Vins. (*marchands en détail de*) | 3. |
| Vinaigre. (*marchands en gros de*) | 1. |
| Vinaigre. (*marchands en détail de*) | 3. |
| Vitriers. | 7. |
| Voiliers. | 6. |
| Voitures. (*V. loueurs de, etc. conducteurs de, etc.* | |
| Voituriers et bouviers pour transport de marchandises. | 7. |
| Volailles. (*marchands de*) | 6. |

(1) V. n°. 111.

PRIX DES CLASSES.

| Classes. | Population de 100,000 ames et au-dessus. | De 50,000 à 100,000. | De 30,000 à 50,000. | De 20,000 à 30,000. | De 10,000 à 20,000. | De 5,000 à 10,000. | Au-dessous de 5,000. |
|---|---|---|---|---|---|---|---|
| I. | 300 f. | 240 f. | 180 f. | 120 f. | 80 f. | 50 | 40 f. |
| II. | 100 | 80 | 60 | 40 | 30 | 25 | 20 |
| III. | 75 | 60 | 45 | 30 | 25 | 20 | 15 |
| IV. | 50 | 40 | 30 | 20 | 15 | 10 | 8 |
| V. | 40 | 32 | 24 | 16 | 10 | 8 | 5 |
| VI. | 30 | 24 | 18 | 12 | 8 | 5 | 4 |
| VII. | 20 | 16 | 12 | 8 | 5 | 4 | 3 |

*L. du 1er. brumaire, an 7. B. 234, n°. 2095.*

# PEINES DE POLICE.

Les peines de simple police sont celles qui consistent dans une amende de la valeur de trois journées de travail ou au-dessous et dans un emprisonnement qui n'excède pas trois jours. *Code des délits et des peines, du 3 brumaire, an 4, art. 600. B. 204, n°. 1221, première série.* I. En quoi elles consistent.

Le tribunal de police gradue selon les circonstances et le plus ou le moins de gravité du délit, les peines qu'il est chargé de prononcer, sans néanmoins qu'elles puissent, en aucun cas, ni être au-dessous d'une amende de la valeur d'une journée de travail ou d'un jour d'emprisonnement, ni s'élever au-dessus de la valeur de trois journées de travail ou de trois jours d'emprisonnement. *Art. 606.*

Cet article souffre deux exceptions ;

1°. Quand il s'agit d'un délit rural ou forestier, la peine ne peut être au-dessous de trois journées de travail ou de trois jours d'emprisonnement. *L. du 23 thermidor, an 4, art. 2. B. 66, n°. 601.*

La détention remplacera l'amende à l'égard des insolvables ; mais sa durée en commutation de peine ne pourra excéder un mois. Dans les délits pour lesquels cette peine n'est point prononcée, et dans les cas graves où la détention est jointe à l'amende, elle pourra être prolongée du quart du temps prescrit par la loi. *Code rural, du 28 septembre 1791, titre 2, art. 5.*

2°. Les adjudicataires, mariniers, et autres personnes employées au service des bacs et bateaux qui exigeroient de plus fortes sommes que celles portées au tarif, doivent être condamnés à une amende qui ne peut être moindre de la valeur d'une journée de travail et d'un jour d'emprisonnement, ni excéder la valeur de trois journées de travail et trois jours d'emprisonnement : le jugement de condamnation doit être imprimé et affiché aux frais du contrevenant. *L. du 6 frimaire, an 7, art. 52. B. 246, n°. 2218.* V. BAC.

II. En cas de récidive, qui les prononce ? En cas de récidive, les peines ne peuvent être prononcées que par le tribunal correctionnel. *Code des délits, art. 607.* Pour qu'il y ait lieu à une augmentation de peines pour cause de récidive, il faut qu'il y ait eu un premier jugement rendu contre le prévenu pour pareil délit, dans les douze mois précédens, et dans le ressort du même tribunal de police. *Art. 608.* La règle qu'en cas de récidive, le tribunal correctionnel connoît du délit, souffre une exception relativement aux personnes qui se soustrairoient au paiement des sommes portées au tarif des bacs, le juge-de-paix prononcera sur la récidive. *L. du 6 frimaire, an 7, art. 56. B. 246, n°. 2218.* V. BAC.

# PERCEPTION DES CONTRIBUTIONS.

I. Il ne doit y avoir qu'un percepteur pour les contributions foncières et mobiliaires.

La perception de la contribution foncière et celle de la contribution personnelle, mobiliaire et somptuaire seront faites dans chaque commune par le même percepteur. *L. du 3 frimaire, an 7, art. 124. B. 243, n°. 2197.*

II. Adjudication de la perception.

Chaque année, aussitôt que les administrations municipales des communes de cinq mille habitans et au-dessus auront reçu leur mandement qui fixera leur contingent dans la contribution foncière, elles procéderont, sans délai, à l'adjudication de la perception ou à la nomination d'un percepteur. *Art. 125.* Les administrations municipales de canton délibéreront chaque année, aussitôt qu'elles auront réparti leur contingent de contribution foncière entre les communes de leur arrondissement, s'il est ou non avantageux au canton d'adjuger la perception à un seul ou à plusieurs percepteurs, pour toutes les communes. *Art. 126.* A la suite de cette délibération et dans la même séance, les administrations municipales de canton fixeront un jour pour procéder à l'adjudication de la perception à un ou à plusieurs citoyens pour tout le canton, s'il a été ainsi arrêté; et dans le cas d'arrêté contraire, à l'adjudication de la perception ou à la nomination d'un percepteur pour chaque commune. *Art. 127.* Le commissaire près l'administration municipale est chargé de veiller à ce qu'il soit procédé à l'adjudication de la perception ou à la nomination d'un percepteur de chaque commune, dans la forme et les délais prescrits par les lois : il fera les réquisitions nécessaires. *Loi et instruction du 22 brumaire an 6. B. 157, n°. 1546.* Le jour de l'adjudication de la perception sera indiqué au moins dix jours à l'avance par des affiches posées à cet effet dans les communes de canton aux endroits accoutumés. *L. du 3 frimaire, an 7, art. 128. B. 243, n°. 2197.* Les citoyens qui désireront se rendre adjudicataires se présenteront à l'administration municipale pour y faire connoître leur solvabilité et les cautions qu'ils pourront donner. *Art. 129.* Il ne sera fait d'adjudication qu'à la charge de donner caution solvable ; mais il ne pourra être exigé de cautionnement plus fort que le quart du montant des rôles de la contribution foncière. Ce cautionnement sera en immeubles situés dans le département. *Art. 130.* Au jour indiqué, l'administration municipale proposera la perception au rabais. Tous les citoyens dont la solvabilité sera reconnue et les cautions jugées valables, seront admis à sous-enchérir, et l'adjudication sera faite à celui dont les offres seront les plus avantageuses. *Art. 131.* Dans le cas où il ne se présenteroit qu'un seul citoyen aux sous-enchères, l'adjudication lui sera faite s'il consent à rester adjudicataire à trois centimes par franc des contributions foncière, mobiliaire, personnelle et somptuaire. S'il n'y consent point, l'adjudication sera remise à cinq ou à dix jours, au choix de l'administration municipale. Il sera posé de nouvelles affiches. *Art. 132.* Dans le cas où il ne se présenteroit aucun citoyen pour demander l'adjudication, l'administration municipale en dressera procès-verbal, et ajournera comme il est dit en l'article précédent. Il sera posé de nouvelles affiches.

*Art.* 133. Au jour indiqué par les nouvelles affiches, l'adjudication de la perception sera faite au citoyen qui offrira de s'en charger pour une moindre remise. *Art.* 134. Elle aura également lieu quand il ne se présenteroit qu'un seul citoyen; mais dans aucun cas elle ne pourra être faite à un taux supérieur à cinq centimes par franc des contributions foncière, mobiliaire, personnelle et somptuaire. *Art* 135. Si aucun citoyen ne se rend adjudicataire, même au taux porté par l'article précédent, il en sera dressé procès-verbal, et l'administration municipale nommera d'office, parmi les habitans de la commune, un percepteur dont elle sera responsable, et qui ne pourra être pris par ses membres. Ce percepteur fera la perception des contributions foncière, mobiliaire, personnelle et somptuaire, moyennant la remise portée par l'article 135 ci-dessus. *Art.* 136. Aucun citoyen ne pourra être nommé d'office percepteur des contributions de plus d'une commune. *Art.* 137. Aucun citoyen ne pourra être nommé percepteur des contributions de sa commune plus d'une fois dans l'espace de vingt ans, s'il n'y consent. *Art.* 138. Aucun citoyen ne sera pareillement chargé de la perception s'il est âgé de plus de soixante ans accomplis, à moins qu'il n'y consente; auquel cas, la perception une fois commencée, il ne pourra se dispenser de l'achever. *Art.* 139.

III. Envoi au commissaire central de la date de l'adjudication.

Les adjudications faites ou les percepteurs nommés, le commissaire près de l'administration municipale recueillera les dates des adjudications, les noms des percepteurs, le taux des remises, et en formera un tableau qu'il enverra au commissaire du département. *L.*

*et instruction du 22 brumaire, an 6, B. 157, n°. 1546.*

IV. Obligations des percepteurs. Les percepteurs donneront quittance aux contribuables des sommes qu'ils en recevront ; elle sera sur papier non timbré. *Art. 140, de la loi du 3 frimaire, an 7.* Ils émargeront en toutes lettres sur leurs rôles à côté des articles respectifs les différens paiemens qui leur seront faits à l'instant même qu'ils les recevront. *Art. 141.* Toute contravention à l'article précédent pourra être dénoncée par le contribuable intéressé, par l'agent municipal de la commune ou son adjoint, et par le commissaire du directoire exécutif près l'administration municipale ; elle sera punie correctionnellement d'une amende de dix francs au moins et de vingt-cinq francs au plus. *Art. 142.* Les percepteurs des communes tiendront indépendamment des rôles des contributions, un relevé ou bordereau sur lequel ils rapporteront, jour par jour, les noms des contribuables qui auront effectué des paiemens et le montant des sommes remises ; ils le feront clôre et arrêter par l'agent de la commune ou son adjoint, ou par le commissaire du directoire exécutif près l'administration municipale, tous les dix jours au moins. La quittance du receveur ou préposé sera rapportée à la suite de l'arrêté du bordereau. *Art. 143.* L'agent municipal ou son adjoint pourront se faire représenter par le percepteur, à son bureau, quand ils le jugeront convenable, les rôles des contributions publiques, prendre des relevés de l'état du recouvrement, constater les infractions à la loi, et en faire rapport à l'administration municipale. *Art. 144.* Les percepteurs des communes et des cantons verseront, chaque décade, au préposé ou receveur de leur arrondissement, les sommes qu'ils auront reçues dans la décade précédente. Ceux qui se trouveroient en retard de verser ou qui n'auroient pas prévenu le préposé ou receveur de leur arrondissement qu'ils n'ont rien reçu dans la décade précédente, pourront être contraints, *Art.* 145.

V.
Surveillance du percepteur.

Le commissaire du directoire près l'administration municipale suivra et activera la gestion des percepteurs, veillera à ce qu'ils émargent exactement les sommes payées, et à ce qu'ils fassent dans les délais prescrits leurs versemens dans les mains des préposés aux recettes. *L. et instruction du 22 brumaire, an 6. B. 157, n°. 1546.*

VI.
Mode de paiement des contributions.

La cotisation de chaque contribuable est divisée en douze portions égales et payables de mois en mois, tant qu'il n'en est point ordonné autrement par une loi particulière. Nul ne peut être contraint que pour les portions échues, *L. du 3 frimaire, an 7, art. 146. B. 243, n°. 2197.* Tous fermiers ou locataires seront tenus de payer, à l'acquit des propriétaires ou usufruitiers, la contribution foncière pour les biens qu'ils auront pris à ferme ou à loyer; et les propriétaires ou usufruitiers de recevoir le montant des quittances de cette contribution pour comptant sur le prix des fermages ou loyers, à moins que le fermier ou locataire n'en soit chargé par son bail, *Art.* 147.

VII.
Les percep-

Les percepteurs de commune ou de canton

teurs sont responsables des sommes non rentrées, sont responsables de la non-rentrée des sommes qu'ils ont été chargés de percevoir ; ils pourront être contraints, par la vente de leurs biens, à remplacer les sommes pour la perception desquelles ils ne justifieront point avoir fait les diligences de droit dans les vingt jours de l'échéance, sauf leurs recours contre les redevables. *Art. 148.*

VIII.
Prescription des contributions.

Les percepteurs de commune ou de canton, qui n'auroient fait aucune poursuite contre un ou plusieurs contribuables en retard, pendant trois années consécutives, à compter du jour où le rôle leur aura été remis, perdront leur recours et seront déchus de tous droits et de toute action contre eux. *Art. 149.* Ils perdront aussi leur recours, et seront pareillement déchus de tous droits et de toute action pour sommes restant dues et non payées par les contribuables après trois ans de cessation de poursuites contre lesdits contribuables. *Art. 150.*

IX.
Liste des contribuables en retard de payer.

Dans ses relations avec chaque percepteur, le commisssaire près l'administration municipale se fera représenter les rôles des deux contributions, et constatera les contribuables en retard de s'acquitter ; il en dressera un état nominatif qu'il fera passer au commissaire central. *Loi et instruction du 22 brumaire, an 6. B. 157, n°. 1546.*

X.
Remplacement du percepteur décédé.

Dans le cas de décès d'un percepteur de commune ou de canton, il sera pourvu à son remplacement par l'administration municipale, dans les formes prescrites par la présente loi ; à moins que les héritiers, ou la veuve à leur défaut ne déclarent dans les dix jours du décès du percepteur, qu'ils entendent continuer la perception. Cette déclaration sera reçue par le secrétaire sur le registre de l'administration municipale, en présence du président ou d'un administrateur; elle sera signée tant par le président ou administrateur et par le secrétaire, que par les déclarans; et en cas que ceux-ci ne sachent ou ne puissent signer, il en sera fait mention. La veuve et héritiers qui déclareront vouloir continuer la perception, seront tenus de donner caution solvable et de la présenter le jour même de leur déclaration. *Art. 151, de la loi du 3 frimaire, an 7.*

# PERCEPTION DE LA CONTRIBUTION PERSONNELLE, MOBILIAIRE ET SOMPTUAIRE DE L'AN SEPT.

I. Perception de la contribution personnelle et mobiliaire.

Les dispositions du titre VIII de la loi du 3 frimaire, an 7, concernant la perception de la contribution foncière, demeurent communes et applicables à la perception des contributions personnelle, mobiliaire et somptuaire. *L. du 3 nivôse, an 7, art. 59. B. 250, n°. 2270.*

II. De la taxe de luxe.

La taxe de luxe sera acquittée en entier dans les deux mois qui suivront la confection du rôle et sa mise en recouvrement. Les contribuables seront en conséquence avertis par le percepteur dans les dix jours de la mise en recouvrement du rôle. Les deux mois expirés, les redevables en retard seront contraints par voie de saisie. *Art. 36 et 37.*

III. De la retenue sur les salaires.

La retenue à faire sur les salaires publics, traitemens et remises, sera faite par les payeurs desdits salaires, à peine par eux d'en demeurer responsables et de payer deux fois. *Art. 46.* La retenue sera faite au fur et à mesure des paiemens et proportionnellement sur chacun d'eux. *Art. 47.* Le montant des retenues sera désigné dans chaque ordonnance de paiement. *Art. 48.* Le versement des retenues se fera tous les trois mois, par chaque payeur directement, chez le receveur général du département ou chez ses préposés. *Art. 49.*

IV. Publication de la mise en recouvrement du rôle.

L'annonce de la mise en recouvrement du rôle des contributions personnelle, mobiliaire et somptuaire, sera publiée et affichée dans la commune. *Art. 60.*

# PERQUISITION POUR LES DÉLITS FORESTIERS.

Tout garde forestier qui jugera utile ou nécessaire à la recherche des bois coupés en délits ou volés, d'en faire perquisition dans un bâtiment, maison, atelier ou cour adjacente, requerra le premier officier ou agent municipal, ou son adjoint, ou commissaire de police du lieu, de l'accompagner dans cette perquisition, et désignera dans l'acte qu'il dressera à cet effet l'objet de la visite, ainsi que les personnes chez lesquelles elle devra avoir lieu. *L. du 4 nivôse, an 5, art. 1. B. 98, n°. 923.* L'officier, agent ou adjoint municipal, ou commissaire de police ainsi requis ne pourra se refuser d'accompagner sur-le-champ le garde forestier dans sa perquisition, et de signer le procès-verbal de perquisition du garde avant son affirmation. *Art. 2.* I. Pour la faire, le garde doit se faire accompagner de l'agent ou commissaire de police.

Tout officier, agent ou adjoint municipal qui contreviendra soit à l'une soit à l'autre des dispositions de l'article précédent, sera, par le commissaire près l'administration municipale du canton, dénoncé à l'administration centrale, laquelle sera tenue de suspendre le contrevenant de ses fonctions. *Art. 3.* Tout commissaire de police qui se trouvera dans le cas de l'article précédent, sera, par le commissaire près l'administration municipale, dénoncé tant à l'administration municipale elle-même qui sera tenue de le destituer, qu'à l'accusateur public. *Art. 4.* II. Peine contre celui qui s'y refuseroit.

# POLICE.

La police est instituée pour maintenir l'ordre public, la liberté, la propriété, la sûreté individuelle. *Code des délits et des peines, du 3 brum. an 4, art. 16. B. 204, nº. 1221, 1re. série.* I. Objet de son institution.

Elle se divise en police administrative et en police judiciaire. *Art. 18.* II. Division.

La police administrative a pour objet le maintien habituel de l'ordre public dans chaque lieu et dans chaque partie de l'administration générale. Elle tend principalement à prévenir les délits. *Art. 19.* III. Police administrative.

La police judiciaire recherche les délits que la police administrative n'a pu empêcher de commettre, en rassemble les preuves et en livre les auteurs aux tribunaux chargés par la loi de les punir. *Art. 20.* IV. Police judiciaire.

La police judiciaire est exercée par les commissaires de police; par les gardes champêtres et forestiers; par les juges-de-paix; par les directeurs des juris d'accusation; par les capitaines et lieutenans de la gendarmerie nationale. *Art. 21.* V. Par qui exercée.

# POSTE AUX CHEVAUX.

I.
Peines contre les postillons qui insultent ou vexent les voyageurs.

Il est défendu à tout postillon d'exiger ou de recevoir une somme offerte au-delà des guides fixés par la loi (1), d'insulter les voyageurs ou de leur donner aucun sujet de plainte, sous peine, en cas de récidive, de destitution, sans préjudice des peines qui pourront leur être affligées par les tribunaux. *L. du 19 frimaire, an 7, art. 23. B. 249, n°. 2252.*

II.
Registres où les plaintes doivent être portées.

Pour constater la contravention aux dispositions de l'article précédent, il doit être tenu, par chaque maître de poste, un registre côté et paraphé par le commissaire du directoire exécutif près l'administration municipale du canton et par l'agent municipal de la commune de la situation des relais. Les voyageurs pourront consigner leurs plaintes dans ce registre. *Art. 24* (2).

(1) 7 décimes, 5 centimes. *Art.* 22.
(2) V. A. du 1er. prairial, an 7. B. 283, n°. 2964.

# POUDRE.

I. Qui ne peut en fabriquer ou vendre?

La fabrication et la vente des poudres sont interdites à tous les citoyens, autres que ceux qui y sont autorisés par une commission spéciale de l'administration nationale des poudres. Il est également interdit aux citoyens qui n'y seroient pas autorisés de conserver chez eux de la poudre au-delà de la quantité de cinq kilogrammes, (environ dix livres un quart). *L. du 13 fructidor, an 5, art. 24. B. 141, n°. 1386.*

II. Surveillance de ces dispositions.

La surveillance de ces dispositions est confiée aux administrations départementales et municipales, aux commissaires du directoire près d'elles, et aux officiers de police. *Même art.* Lorsque l'une de ces autorités aura connoissance d'une violation du précédent article, ils requerront la municipalité du lieu de prendre les moyens nécessaires pour constater les délits. *Art. 25.*

# RADIATION DE LISTE D'ÉMIGRÉS.

---

Chaque administration municipale dans l'arrondissement de laquelle l'un des réclamans inscrits sur la liste des émigrés aura été ci-devant domicilié ou résidant, sera tenue, sur le vue du bulletin où le nom de celui-ci sera porté, d'annoncer par une affiche qui restera pendant une décade sur la porte du lieu de ses séances, qu'un tel est prévenu d'émigration, qu'il a été inscrit en cette qualité à telle époque par telle administration, et que les citoyens qui ont des renseignemens à cet égard sont invités à les communiquer à l'administration municipale ou à les adresser directement au ministre de la police générale; de tout quoi elle certifiera sans délai le ministre de la police générale, par une déclaration qui sera visée par le commissaire du directoire exécutif établi près d'elle. *A. du 26 fructidor, an 5, art. 6. B. 147, n°. 1432.* I. Affiche du nom des réclamans.

Les administrateurs municipaux de la commune où les certificats de résidence auront été délivrés, feront comparoître devant eux, et interrogeront isolément chacun des témoins sur toutes les circonstances attestées par les certificats signés par eux, consigneront leurs réponses par écrit en présence du commissaire du directoire, et en enverront une copie authentique au ministre de la police générale. *A. du 20 vendémiaire, an 6, art. 2. B. 152, n°. 1491.* II. Interrogatoire des témoins qui attestent la résidence.

# RÉDUCTION DES CONTRIBUTIONS.

---

Le commissaire près l'administration municipale doit toujours être présent à la vérification des réclamations présentées par les contribuables ; ainsi lorsqu'une requête aura été présentée à l'administration municipale ou lui aura été renvoyée par l'administration départementale, l'administration municipale la fera enregistrer et y mettra un *soit communiqué* à son commissaire, lequel *soit communiqué* sera daté et signé par elle. *L. et instruction du 22 brumaire, an 6. B. 157, nº. 1546.*

1. Forme à suivre pour juger les réclamations en général.

Le commissaire près l'administration municipale se rendra alors sur les lieux ; et soit qu'il s'accorde avec les répartiteurs et le réclamant, soit qu'il y ait une vérification en règle, il fera son rapport, donnera son avis, et adressera le tout à l'administration municipale qui prononcera selon ses lumières et sa conscience, sans être lié par l'avis du commissaire dont elle est seulement tenue de faire mention dans le préambule de sa décision. L'administration municipale fera ensuite passer sa décision à l'administration centrale qui statuera ce que de droit après avoir pris l'avis du commissaire du département. Lorsque l'administration départementale aura définitivement arrêté et signé l'ordonnance de décharge ou réduction, elle enverra cette ordonnance à l'administration municipale qui la remettra au commissaire près cette administration qui la fera parvenir à la partie intéressée. *Même loi et instruction.*

II. État des décharges. Le commissaire près l'administration municipale doit rédiger un état de toutes les ordonnances de décharge ou réduction qui lui parviendront, et enverra tous les mois un double de cet état au commissaire du département. *Loi et instruction du 22 brumaire, an 6.*

III. Compte que le commissaire doit de ses opérations. Il tiendra également un sommaire exact de toutes les opérations qu'il fera dans le cours du mois; et ce mois expiré, il en fera passer au commissaire du département un relevé signé de lui. Les commissaires près les administrations municipales seront en outre tenus de faire toutes les tournées, vérifications, opérations, &c. que l'administration départementale jugera nécessaires et qui leur seront prescrites par le commissaire du département; de rendre compte à ce dernier de tout ce qui pourroit intéresser le succès des contributions directes de son arrondissement, et notamment de l'instruire sans délai de tous les abus de quelque nature qu'ils soient qui pourroient venir à sa connoissance. *Même loi.*

# RÉPARTITION DES CONTRIBUTIONS.

La répartition des contributions est faite par le corps législatif entre les départemens ; par les administrations centrales de département, entre les cantons et les communes qui ont pour elles seules une administration municipale ; par les administrations municipales de canton entre les communes de leur arrondissement ; et par les répartiteurs entre les contribuables. *L. du 3 frimaire, an 7, art. 8. B. 243, n°. 2197.* I. Agens de la répartition.

Les administrations centrales feront chaque année, dans la décade qui suivra la publication de la loi portant fixation de la contribution foncière, la répartition du contingent qui aura été assigné à leur département, entre les cantons et les communes ayant pour elles seules une administration municipale ; et elles en enverront de suite le tableau au ministre des finances. *L. du 3 frimaire, art. 25.* Elles enverront dans la même décade, à chaque administration municipale, le mandement qui devra lui faire connoître le contingent de son canton ou de sa commune, 1°. en principal, 2°. en centimes additionnels, destinés tant aux fonds de non-valeur, qu'aux dépenses départementales. *Art. 26.* II. Répartition faite par l'administration centrale.

Dans les dix jours qui suivront la réception du mandement de la contribution foncière, les administrations municipales de canton feront la répartition de la totalité du contingent qui s'y trouvera porté, ainsi que des autres sommes qu'elles seroient autorisées à répartir pour leurs dépenses entre toutes les communes de leur arrondissement, après avoir appellé à ce travail III. Répartition faite par les administrations de canton.

les adjoints des agêns desdites communes, qui y auront voix consultative. *Art.* 27. Le tableau de cette répartition sera adressé sur-le-champ à l'administration centrale du département; il en restera minute à l'administration municipale, il y sera fait mention que les adjoints des agens municipaux des communes ont été appellés, et que ceux qui se sont présentés ont été entendus. *Même art.* L'administration centrale visera les états de répartition qui lui auront été adressés par les administrations municipales, et en ordonnera l'exécution; elle n'y pourra faire aucun changement, sauf aux communes qui se prétendroient lésées, à se pourvoir en dégrévement dans la forme légale. *Ar..* 28. L'administration centrale, après avoir visé chaque etat ou tableau de répartition, à mesure qu'ils lui auront été adressés par les administrations municipales de canton, en fera faire trois expéditions, dont l'une sera renvoyée sans délai à l'administration municipale, l'autre au receveur général du département, et la troisième au ministre des finances. *Art.* 29. Aussi-tôt que l'administration municipale aura reçu l'état de répartition, visé par l'administration centrale du département, elle enverra à chaque agent municipal le mandement contenant la fixation du contingent de sa commune, 1°. en principal; 2°. en centimes additionnels, tant pour les fonds de non-valeur, que pour les dépenses départementales; 3°. en centimes additionnels pour les dépenses municipales; 4°. en centimes additionnels pour les dépenses communales. *Art.* 30.

IV. Répartition faite par les répartiteurs.

Les répartiteurs sont au nombre de sept, savoir : l'agent municipal et son adjoint dans les communes de moins de cinq mille habitans, deux officiers municipaux désignés à cet effet dans les autres communes ; et cinq citoyens capables, choisis par l'administration municipale parmi les contribuables fonciers de la commune, dont deux au moins non domiciliés daus ladite commune, s'il s'en trouve de tels *Art. 9 de la loi du 3 frimaire, an 7. B. 243, nº. 2197.* La nomination des cinq citoyens répartiteurs est faite chaque année dans la première décade, après celle de l'entrée en fonctions des administrateurs municipaux nouvellement élus, et consignée au registre de l'administration. Les deux officiers municipaux, dans les communes ayant pour elles seules une administration municipale, sont désignés dans le même délai, et mention en est pareillement faite au registre. *Art. 10.* Le commissaire du directoire exécutif près l'administration municipale, fait notifier aux cinq citoyens répartiteurs, leur nomination dans les cinq jours de sa date. Cette notification se fait par un simple avertissement sur papier non timbré ; elle est signée tant par celui qui en est le porteur, que par le commissaire, et datée : elle n'est point sujette à l'enrégistrement ; mais il en reste un double qui est déposé au secrétariat de l'administration municipale. *Art. 12.* Les fonctions de répartiteurs ne peuvent être refusées que pour l'une des causes ci-après. *Art. 13.* Les causes légitimes de refus sont, 1º, les infirmités graves et reconnues ou vérifiées en la forme ordinaire, en cas de contestation ; 2º. l'âge de soixante ans commencés ou plus ; 3º. l'entreprise d'un voyage ou d'affaires qui obligeroient à une longue absence du domicile ordinaire ; 4º. l'exercice de fonctions administratives ou judiciaires, au choix du peuple, autres que celles d'assesseurs de juges de paix ; 5º. l'exercice des fonctions de

Nomination de ces répartiteurs.

commissaires du directoire exécutif près les administrations centrales, municipales et autres, et près les tribunaux; 6o. le service militaire de terre ou de mer, ou un autre service public actuel. *Art.* 14. Tout citoyen domicilié à plus de deux myriamètres d'une commune pour laquelle il auroit été nommé répartiteur, pourra également ne point accepter. *Art.* 15. Celui qui se trouveroit nommé répartiteur par plusieurs administrations municipales, pour la même année, déclarera son option au secrétariat de l'une d'elles, dans les dix jours de l'avertissement qui lui aura été donné de sa nomination; il en justifiera aux autres administrations municipales dans les cinq jours suivans, et celles-ci le remplaceront sans délai. *Art.* 16. Celui qui n'acceptera point les fonctions de répartiteur, devra proposer par écrit à l'administration municipale son refus motivé; il le proposera dans les dix jours de l'avertissement qui lui aura été donné de sa nomination. *Art.* 17. L'administration municipale prononcera dans les dix jours suivans; et si le refus se trouve fondé, elle le déclarera tel, et remplacera sur-le-champ le refusant. Dans le cas contraire elle déclarera que le refus n'est point admis, et que celui qui l'a proposé reste répartiteur. *Art.* 18. Celui qui, dans le cas des articles XIII, XIV et XV ci-dessus, n'aura point proposé de refus dans le délai prescrit, ou dont le refus n'aura point été admis, et qui étant ensuite convoqué, ne se réuniroit point aux autres répartiteurs pour les opérations dont ils auront été chargés, sera cité par le commissaire du directoire exécutif près l'administration municipale, à comparoître devant cette administration à jour et heure fixes, en séance publique; et s'il s'y présente, le président, après l'avoir entendu, et au nom de l'administration municipale, lui adressera ces paroles : » Citoyen, » vous avez refusé de vous rendre utile à votre » pays ; l'administration municipale va en faire » mention sur ses registres, et en donner con- » noissance à vos concitoyens. » Le refusant sera remplacé dans la même séance ; et extrait du procès-verbal de l'administration municipale sera affiché sur papier timbré et sans frais, dans la salle de ses séances et au secrétariat : il ne sera point sujet au droit d'enrégistrement. *Art.* 19. Si celui qui aura été cité ne se présente point, il sera fait lecture de l'acte de citation ; l'administration municipale constatera ensuite son absence, en le faisant appeller à haute voix par le secrétaire ; et après cet appel, le président prononcera ces paroles : » L'administra- » tion municipale déclare que . . . . . . . » nommé répartiteur, a refusé de servir son » pays ; elle va en faire mention sur ses re- » gistres, et en donner connoissance au pu- » blic. » Le refusant sera remplacé dans la même séance, et extrait du procès-verbal de l'administration municipale, sera affiché sur papier timbré dans la salle de ses séances, au secrétariat et à la principale porte extérieure de la maison commune ; il ne sera point soumis à l'enrégistrement. *Art.* 20. Celui qui ne se sera point présenté devant l'administration municipale, sera en outre cité par le commissaire du directoire près cette administration, devant le juge de paix de l'arrondissement dans lequel elle se trouve, qui, pour ce fait de désobéissance à la loi, le condamnera à une amende de la valeur locale de trois journées de travail agricole, et aux frais de l'affiche de l'extrait du procès-verbal de l'administration municipale, qui sont réglés à trois francs; non compris le papier timbré, et seront payés au secrétaire de ladite administration, sans préjudice des frais légitimement faits devant le juge de paix, et de ceux de signification et de mise à exécution du jugement, dont il sera pareillement tenu. *Art.* 21. En cas d'empêchement temporaire survenu à un ou à plusieurs répartiteurs, par maladie grave, voyage nécessaire ou inopiné, ou par un service public actuel, ils en donneront ou feront donner avis à l'administration municipale qui pourra les remplacer momentanément par d'autres contribuables fonciers de la commune. *Art.* 22. Ce remplacement n'aura lieu qu'autant que le nombre des répartiteurs se trouveroit réduit à moins de cinq, ou que ceux d'entr'eux non domiciliés dans la commune, seroient à remplacer, ceux-ci ne pourront, dans aucun cas, lorsqu'ils n'excéderont point le nombre de deux, être remplacés que par d'autres contribuables fonciers non domiciliés dans la commune, s'il y en a de tels. *Même art.* Les sept répartiteurs délibèrent en commun, à la majorité des suffrages. Ils ne peuvent prendre aucune détermination, s'ils ne sont au nombre de cinq au moins présens. Ils sont convoqués et présidés par l'agent municipal ou par son adjoint, ou par l'un des officiers municipaux désignés dans les communes ayant pour elles seules une administration municipale; et à leur défaut par le plus âgé des autres répartiteurs. *Art.* 23. Les commissaires du directoire exécutif près les administrations centrales et municipales, et les inspecteurs de l'agence des contributions directes, remplissent auprès des répartiteurs les fonctions qui leur sont déléguées par la loi *Art.* 24. Ainsi la matrice, qui, fixant les évaluations des revenus des citoyens, fixe par suite leur cotisation, est faite par les répartiteurs; mais la rédaction matérielle de cette matrice, les calculs, états et tableaux qu'elle exige, sont rédigés par le commissaire du directoire exécutif, membre de l'agence. Dans tout ce qui concerne les indications des biens ou les évaluations des revenus, le commissaire du directoire n'a point voix délibérative, et ne fait que transcrire les indications et les évaluations arrêtées par les seuls répartiteurs, à la majorité des voix. *L. et inst. du 22 brumaire, an 6. B. 157, n°. 1546.*

Les matrices de rôles existantes continueront à servir de base à la répartition de la contribution foncière entre les contribuables de chaque commune, sauf les changemens ou renouvellemens comme il est dit ci-après, et sans préjudice pour les contribuables qui se prétendroient surtaxés, de se pourvoir en réduction dans les formes légales. *L. du 3 fr. an 7. Art. 31.* Dans la première décade de thermidor de chaque année, l'agent municipal de chaque commune ou son adjoint, et l'un des deux officiers municipaux désignés dans les communes ayant pour elles seules une administration municipale, convoqueront les répartiteurs pour examiner la matrice du rôle, y faire les changemens convenables d'après les mutations survenues parmi les propriétaires, la renouveller même s'il y a lieu. Les commissaires du directoire exécutif près les administrations municipales seront appelés à cette assemblée de répartiteurs; ils en requerront même la convocation en cas de négligence de la part des agens ou adjoints ou officiers municipaux. *Art. 32.* Les changemens annuels dont il s'agit aux deux articles pré-

V. Comment ils procèdent à la répartition des contributions.

cédens consisteront en la formation d'un simple état ou relévé des mutations de propriétés survenues parmi les contribuables, et dont il aura été tenu noté par le secrétaire de l'administration municipale sur un registre particulier ouvert à cet effet, sous le nom de *livre des mutations*. *Art.* 33. L'état ou relevé des mutations sera arrêté et signé par les répartiteurs, visé tant par l'administration municipale que par le commissaire du directoire exécutif près cette administration, et restera joint à la matrice du rôle. Le commissaire du directoire exécutif en prendra copie qu'il certifiera conforme et qu'il enverra sur-le-champ au commissaire près l'administration centrale après l'avoir fait viser par l'administration municipale. *Art.* 34. Le livre des mutations sera coté et paraphé à chaque feuillet par le président de l'administration municipale; il portera en tête l'énonciation du nombre des feuillets dont il se trouvera composé et de la date de son ouverture : cette énonciation sera signée par le président de l'administration municipale. *Art.* 35. La note de chaque mutation de propriété sera inscrite au livre des mutations, à la diligence des parties intéressées; elle contiendra la désignation précise de la propriété ou des propriétés qui en seront l'objet, et il y sera dit à quel titre la mutation s'en est opérée. *Art.* 36. Tant que cette note n'aura point été inscrite, l'ancien propriétaire continuera d'être imposé au rôle; et lui ou ses héritiers naturels pourront être contraints au paiement de l'imposition foncière, sauf leur recours contre le nouveau propriétaire. *Même article.* Aucune matrice de rôle ne pourra être renouvelée que sur la demande de l'administration municipale.

et l'autorisation de l'administration centrale du département. *Art* 37. Lorsqu'il s'agira de renouveler une matrice de rôle ou d'en former une dans les communes où il n'en existe point, les répartiteurs feront un tableau indicatif du nom et des limites des différentes divisions du territoire de la commune, s'il y en a de connues qu'ils estiment devoir conserver ou de celles qu'ils croiront devoir déterminer eux-mêmes. Ces divisions s'appelleront sections; chaque d'elles sera désignée par une lettre alphabétique; et le tableau destiné à les faire connoître sera proclamé et affiché dans la commune. *Article* 38. Les répartiteurs formeront ensuite un tableau indicatif des différentes propriétés renfermées dans chaque section, et ils y procéderont dans la forme ci-après. Ce dernier tableau s'appellera *état de section*. *Art.* 39. Les répartiteurs feront dans leur première assemblée, une liste des propriétaires et des fermiers ou métayers domiciliés dans la commune qu'ils jugeront connoître le mieux des différentes parties de chaque section, et être le plus en état de donner à cet égard des renseignemens précis. Les noms de ces indicateurs seront portés à la suite du tableau destiné à faire connoître les différentes sections de la commune, proclamés et affichés avec lui. *Art.* 40. Les répartiteurs se distribueront ensuite les sections; un ou plusieurs d'entre eux se transporteront sur chacune de celles qu'ils auront à parcourir. Le jour de leur transport sera annoncé à l'avance; ils appelleront au moins deux des indicateurs désignés; et ils composeront avec eux les états de sections. Les contribuables de la section ou leurs fermiers et métayers, pourront être présens si bon leur semble, et faire des observations à ce relatives, donner même des renseignemens aux répartiteurs. *Art.* 41. Les indicateurs qui, étant appelés par les répartiteurs, ne se rendroient point auprès d'eux pour leur donner les renseignemens requis, seront remplacés par d'autres indicateurs ou même par d'autres propriétaires, fermiers ou métayers, que les répartiteurs pourront appeler sur-le-champ et sans aucune formalité. *Art.* 42. Chaque article de propriété sera distingué dans l'état de section et numéroté; il sera intitulé du nom du propriétaire, avec mention des prénom, profession et demeure de celui-ci, s'ils sont connus : il sera désigné 1°. par la nature des maisons à rez-de-chaussée, ou à un, deux ou plusieurs étages; de moulin, forge ou autre usine; de jardin, terre labourable, vigne, pré, futaie ou taillis, etc. 2°. par l'étendue de sa superficie, calculée d'après les nouvelles mesures. Les répartiteurs pourront s'aider, dans cette opération, des cadastres et parcellaires, plans, arpentemens ou péréguemens qu'ils se seront procurés. *Art.* 43. Les états de sections seront signés tant par les indicateurs que par les répartiteurs qui les auront formés; et si quelque indicateur ne sait ou ne peut signer, mention en sera faite. *Art.* 44. Les propriétés nationales de toute nature seront portées dans les états de sections au compte de la république, et désignées de la même manière que celles des particuliers. Le commissaire du directoire près l'administration municipale, surveillera spécialement l'exécution du présent article. *Art.* 45. Les propriétés appartenant à des communes, portions de communes, à des hospices ou autres établissemens publics, seront aussi désignées de la même manière, et portées dans les états de sections au compte desdites communes, portions de communes, hospices ou autres établissemens. *Art.* 46. Il sera laissé dans chaque état de section une colonne en blanc, suffisante pour recevoir l'évaluation du revenu imposable des différentes propriétés. *Art.* 47. Aussi-tôt que ces tableaux indicatifs des propriétés renfermées dans chaque section, seront achevés, les répartiteurs s'assembleront, appelleront le commissaire du directoire exécutif près l'administration municipale, et les examineront avec lui; ils rectifieront ou feront rectifier par ceux qui les auront formés, ceux desdits tableaux qui seront reconnus inexacts; ils arrêteront et signeront sur-le-champ les autres, et ceux là ensuite après qu'ils auront été rectifiés. *Art.* 48. Dans les dix jours suivans au plus tard, les répartiteurs se transporteront ensemble sur les différentes sections; ils y feront l'évaluation du revenu imposable de chaque propriété, dans l'ordre qu'elle se trouvera portée au tableau indicatif, arrêteront cette évaluation à la majorité des suffrages, et l'écriront ou feront écrire en leur présence, et en toutes lettres, sur la colonne réservée à cet effet, à côté de l'article descriptif de la propriété. Ils signeront au bas de la colonne; et si quelqu'un d'eux ne peut ou ne veut signer, il en sera fait mention. *Art.* 49. Les états de sections ainsi complétés et arrêtés, seront remis au commissaire du directoire exécutif près l'administration municipale, pour servir à la rédaction de la matrice du rôle de la commune; il en donnera un reçu à l'agent ou officier municipal qui aura présidé à l'évaluation. *Art.* 50. La matrice du rôle se composera du simple dépouillement des états des sections ; elle sera divisée en autant d'articles qu'il y aura de contribuables fonciers ; et toutes les propriétés qu'un même contribuable aura dans la commune, seront reportées sous un seul et même article, l'une à la suite de l'autre, avec indication de la section dans laquelle chacune d'elles se trouvera située, de son numéro dans l'état de cette section, et de l'évaluation de son revenu imposable. Elle sera à colonnes, dont la première présentera les noms, prénoms, professions et demeures des contribuables ; la seconde, la lettre alphabétique de l'état de section ; la troisième, le numéro des différentes propriétés de l'état de section ; la quatrième, l'évaluation détaillée de leur revenu imposable ; la cinquième, le total d'évaluation du revenu imposable de toutes les propriétés portées sous un même article ; et la sixième restera réservée pour servir ainsi qu'il sera dit ci-après. *Art.* 51. Aussi-tôt que le commissaire près l'administration municipale aura rédigé la matrice du rôle, il la présentera aux répartiteurs, qui, après l'avoir comparée aux états de sections, et s'être assurés de son exactitude, l'arrêteront et la signeront avec lui, ou déclareront la cause pour laquelle quelqu'un d'entr'eux ne l'auroit point signée. Le commissaire près l'administration municipale en prendra copie, qu'il certifiera et enverra sur-le-champ au commissaire près l'administration centrale, et il remettra l'original à l'agent ou officier municipal qui aura présidé aux évaluations, ou autre qui le remplacera ; il lui remettra en même temps les états de sections, et retirera de ses mains le reçu qu'il lui en avoit donné. L'agent ou officier municipal déposera le tout, dans la décade, au secrétariat de l'administration municipale, et fera faire en sa présence, mention du dépôt sur le registre d'ordre; cette mention sera signée tant par lui que par le secrétaire. Les états de sections et les matrices de rôles seront soigneusement conservés : les secrétaires et gardes des archives des administrations en répondront personnellement. *Art.* 52. Lorsqu'un inspecteur de l'agence des contributions directes sera chargé des opérations relatives à la formation de quelque matrice de rôle, dans le cas prévu par la loi du 22 brumaire, an 6, il agira en tous points de la même manière et d'après les mêmes règles que les commissaires du directoire exécutif près les administrations municipales. *Art.* 53. Chaque année, aussi-tôt après la répartition de la contribution foncière entre les communes, le président de l'administration municipale notera sur la sixième colonne de chaque matrice de rôle, le montant en principal du contingent de la commune, et sa proportion, à tant par franc, avec le total du revenu imposable. Chaque contribuable pourra prendre communication de cette note au secrétariat. *Art.* 54. L'expédition des rôles de la contribution foncière, et leur mise en recouvrement, continueront à avoir lieu dans les formes et les délais prescrits par la loi et l'instruction du 22 brumaire, an 6, portant création d'une agence des contributions directes. *Art.* 55. En conséquence le commissaire du département fait expédier les rôles, et lorsqu'ils ont été expédiés, approuvés et arrêtés par l'administration départementale, il les fait repasser au commissaire près l'administration municipale, qui, après l'avoir fait viser par l'administration municipale, doit les remettre au percepteur de la commune. *L. et inst. du 22 brum. an 6, S. 1. B. 157, n°. 1546.*

# RÉPARTITION DE LA CONTRIBUTION PERSONNELLE, MOBILIAIRE ET SOMPTUAIRE DE L'AN SEPT.

Les administrations centrales et municipales, et les répartiteurs chargés de la répartition de la contribution foncière, sont pareillement chargés, chacun en ce qui les concerne, d'opérer la répartition de la contribution personnelle, mobiliaire et somptuaire de l'an 7. *L. du 3 nivôse, an 7, art. 1. B. 250, n°. 2270.* I. Agens de la répartition.

Dans les cinq jours de la réception de la loi, les administrations centrales feront, entre les cantons de leur territoire, la répartition du contingent attribué à leur département dans la contribution personnelle et mobiliaire. *Art. 2.* Les mandemens seront adressés de suite à chaque administration municipale; ils comprendront tant le principal que les centimes additionnels. *Art. 3.* Pour opérer leur répartition, les administrations centrales détermineront le prix moyen de la journée de travail dans chaque canton ou commune ayant pour elle seule une administration municipale, sans néanmoins pouvoir fixer la journée de travail au-dessous de cinquante centimes, ni au-dessus d'un franc cinquante centimes. *Art. 5.* Après la fixation du prix de la journée du travail, les administrations centrales régleront sur cette base la contribution personnelle de chaque canton. *Art. 6.* Le contingent de chaque canton dans la contribution personnelle, sera la somme que produira le prix de trois journées de travail dans ledit canton, multiplié par le sixième de la po- II. Répartition faite par l'administration centrale.

pulation du même canton. *Art.* 7. La somme totale de la contribution personnelle du département, étant connue, il en sera fait distraction sur le contingent attribué par la loi au département; le restant sera réparti en contribution mobiliaire. *Art.* 8. La contribution mobiliaire de chaque département sera répartie entre les cantons, un tiers à raison de la population, et les deux autres tiers à raison de la somme des patentes de chaque canton. *Art.* 9.

III. Répartition faite par les administrations de canton.

Dans les cinq jours de la réception du mandement de l'administration centrale, pour la contribution personnelle, mobiliaire et somptuaire, les administrations de canton feront, entre les communes de leurs cantons, la répartition du contingent attribué à leur canton dans la contribution personnelle et mobiliaire. *Art.* 10. La contribution personnelle de chaque commune sera la somme que produira le prix des trois journées de travail du canton, multiplié par le sixième de la population de chaque commune. *Art.* 11. La contribution mobiliaire de chaque canton sera répartie entre les communes, un tiers à raison de la population, et les deux autres tiers à raison de la somme des patentes de chaque commune. *Art.* 12. Une copie du tableau de la répartition de la contribution personnelle et mobiliaire entre les communes de chaque canton, sera sur-le-champ adressée à l'administration centrale du département. *Art.* 13. L'administration centrale visera de suite, s'il n'y a pas de réclamation, chaque état ou tableau de répartition, et en fera trois expéditions, dont l'une sera envoyée à l'administration municipale, l'autre au receveur général du département, et la troisième au ministre des finances. *Art.* 14. En cas de réclamation d'une commune, l'administration centrale y statuera sans délai, approuvera ou réformera le tableau de répartition, le visera ensuite pour être exécuté, et l'expédiera conformément aux dispositions de l'article précédent. La réclamation d'une commune ne pourra être faite que par l'agent municipal, ou à son défaut par l'adjoint et de l'avis des répartiteurs. *Art.* 15. Aussi-tôt que l'administration municipale aura reçu l'état de répartition visé par l'administration centrale, elle enverra à chaque agent municipal le mandement contenant la fixation du contingent de sa commune, 1°. en principal, 2°. en centimes additionnels pour les fonds de non-valeur et les dépenses départementales, 3°. en centimes additionnels pour les dépenses municipales, 4°. en centimes additionnels pour les dépenses communales. *Art.* 16.

IV. Répartition faite par les répartiteurs de la contribution personnelle et mobiliaire.

Dans les cinq qui suivront la publication de la présente loi, tout citoyen est tenu de faire par lui-même ou par un fondé de pouvoir, en présence de l'agent municipal, ou de l'agent de sa commune, une déclaration qui indiquera, 1°. son nom et son prénom; 2°. son domicile; 3°. la valeur de son habitation personnelle; 4°. le montant de son traitement, s'il est fonctionnaire public, commis ou employé des deniers publics; 5°. le nombre d'hommes et de femmes qu'il a à ses gages; 6°. celui des chevaux, mulets ou voitures de luxe qu'il possède; 7°. s'il est célibataire, marié ou veuf. *Art.* 17. Le jour où le délai prescrit par l'article précédent sera expiré, l'agent de la commune et les répartiteurs se réuniront: ils procéderont à l'examen des déclarations, suppléeront à celles qui n'auront pas été faites, d'après leurs connoissances locales, et les preuves qu'ils pourront se procurer. *Art.* 18. Dans les cinq jours de la réception du mandement de la contribution personnelle et mobiliaire de la commune, tant en principal qu'en centimes additionnels, l'agent et les répartiteurs procéderont à l'assiette du contingent de la commune. *Art.* 19. La contribution personnelle de trois journées de travail, sera établie sur chaque habitant, de tout sexe, domicilié dans la commune depuis un an, jouissant de ses droits, et qui ne seroit pas réputé indigent. *Art.* 20. La contribution personnelle étant répartie, ce qui pourra rester sur le contingent de la commune, sera réparti en contribution mobiliaire, au marc le franc de la valeur du loyer d'habitation personnelle de chaque habitant déjà porté à la contribution personnelle. *Art.* 21. Au moyen de la retenue sur les salaires, les fonctionnaires et employés ne seront point assujétis à la contribution mobiliaire pour leurs salaires, mais seulement à raison de leurs autres facultés, s'ils en ont; auquel cas les loyers d'habitation des fonctionnaires seront diminués d'un quart à cause de la contribution mobiliaire exercée par la retenue du vingtième sur leur traitement. *Art.* 22. Les loyers d'habitation des célibataires seront surhaussés de moitié de leur valeur. *Art.* 23. Seront réputés célibataires les hommes seulement âgés de trente ans, et non mariés ni vœufs. Les femmes, de quelque âge qu'elles soient, ne seront point assujéties aux dispositions concernant les célibataires. *Art.* 24. Dans les loyers d'habitation on ne comprendra que la partie des bâtimens servant à l'habitation. *Art.* 25. Ne sont pas compris les magasins, boutiques, auberges, usines et ateliers, pour raison desquels les habitans paient patente. *Art.* 26. Les distractions et surhaussemens ordonnés dans les articles précédens, étant opérés, et les loyers d'habitation personnelle dans la commune étant connus, la répartition de la contribution mobiliaire, prélévement fait de la personnelle, se fera au marc le franc desdits loyers. *Art.* 27.

Aussi-tôt que les opérations seront terminées, les rôles de la contribution personnelle et mobiliaire seront expédiés et mis en recouvrement dans les formes et dans les délais prescrits par la loi et par l'instruction du 22 brumaire, an 6, portant création d'une agence des contributions directes. *Art.* 28.

De la taxe somptuaire.

Dans les dix jours de la publication de la loi, les agens et répartiteurs de chaque commune seront tenus de dresser le tableau des habitans de leur commune, sujets à la taxe de luxe, et de remettre ce tableau au commissaire du directoire exécutif près l'administration municipale, ou de lui certifier par écrit, s'il y a lieu, qu'il n'y a point matière à la taxe de luxe dans leur commune. *Art.* 30. Le tableau contiendra par colonnes les noms et prénoms des contribuables, leur demeure, la quantité et la désignation des domestiques employés à leur service, ainsi que des chevaux et mulets qu'ils ont en leur possession, et des voitures de luxe dont ils font usage; trois colonnes seront réservées en blanc. *Art.* 31.

Le commissaire présentera le tableau mentionné en l'article ci-dessus, à l'administration municipale, dans la séance qui suivra immédiatement la remise, pour faire remplir la première des colonnes restées en blanc, de la somme due suivant le tarif de la taxe de luxe portée en la loi. Il fera arrêter par l'administration municipale le montant des sommes fixées dans le tableau de chaque commune : il pourra faire, lors de ladite opération, telles observations qu'il jugera convenables. *Art.* 32. Lorsque les tableaux fournis par l'agent de chaque commune, auront été arrêtés par l'administration municipale, et que ladite administration aura suppléé aux tableaux ou aux cotes qui n'auroient pas été fournis par les agens, le commissaire enverra copie desdits tableaux au commissaire du directoire exécutif près l'administration centrale. *Art.* 33. Le commissaire du directoire près l'administration centrale, soumettra sans retard à cette administration les tableaux et rôles de la contribution somptuaire de chaque canton, pour être arrêtés par elle, tant en principal qu'en centimes additionnels ; il fera toutes les réquisitions et observations qu'il jugera nécessaires. *Art.* 34. Aussi-tôt que les administrations centrales auront arrêté lesdits tableaux, elles en enverront trois copies, l'une au ministre des finances, l'autre au receveur général du département ; et la troisième sera adressée au commissaire du directoire exécutif près l'administration municipale, qui la remettra aux percepteurs des communes de canton, à l'effet d'en opérer le recouvrement, ainsi que des contributions foncière, personnelle et mobiliaire. *Art.* 35.

De la retenue à faire sur les salaires des fonctionnaires publics et des employés.

Dans les dix jours de la publication de la loi, les agens et répartiteurs de chaque commune seront tenus de dresser le tableau nominatif des fonctionnaires publics, employés et salariés des deniers publics, habitant dans le territoire de leur commune, et de remettre ce tableau au commissaire près l'administration municipale. Le tableau contiendra par colonnes les noms des fonctionnaires, et la somme de leurs salaires ou remises annuelles : il sera laissé trois colonnes en blanc. *Art.* 40. Le commissaire présentera ce tableau à l'administration municipale dans la séance qui suivra immédiatement la remise, pour faire remplir la première des colonnes restées en blanc, de la somme due par retenue sur les salaires, suivant le taux prescrit par la loi. *Art.* 41. Le commissaire fera arrêter par l'administration le montant des sommes fixées dans le tableau de chaque commune : il pourra faire, lors de ladite opération, telles observations et réquisitions qu'il jugera convenables. *Art.* 42. Lorsque les tableaux fournis par l'agent de chaque commune, auront été arrêtés par l'administration municipale du canton, le commissaire du directoire exécutif réunira dans le même ordre, et en laissant deux colonnes en blanc, dans un tableau général tous les tableaux de chaque commune de canton, et l'enverra au commissaire du directoire exécutif près l'administration centrale. *Art.* 43. Le commissaire près l'administration centrale soumettra sans retard à cette administration les tableaux généraux de chaque canton, pour être par elle arrêtés ; il proposera les observations, et fera les réquisitions qu'il jugera convenables. *Art.* 44. Aussi-tôt après l'arrêté et visa du rôle des fonctionnaires par l'administration centrale, le commissaire du directoire exécutif en fera expédier trois copies, l'une au ministre des finances, l'autre au receveur général du département, et la troisième à l'administration du canton, qui en donnera connoissance aux fonctionnaires publics et employés de son arrondissement. *Art.* 45.

V. Peines imposées aux répartiteurs négligens.

En cas de négligence constatée de la part des répartiteurs, dans l'assiette et la répartition de la contribution personnelle et mobiliaire, les répartiteurs pourront être poursuivis pour être condamnés à faire l'avance du montant des termes échus du rôle qui ne seroit pas mis en recouvrement, et les administrations centrales nommeront, aux frais des répartiteurs, des commissaires chargés de faire la répartition à leur lieu et place. *Art. 61.*

# RÉUNION DÉCADAIRE.

Le commissaire doit y assister.

Chaque décadi, l'administration municipale avec le commissaire du directoire exécutif et le secrétaire se rendent, en costume, au lieu destiné à la réunion des citoyens, et y donnent lecture des lois et actes de l'autorité publique, adressés à l'administration pendant la décade précédente. *L. du 13 fructidor, an 6, art. 1. B. 221, n°. 1980.*

# RIVIÈRES NAVIGABLES ET FLOTABLES.

Il est enjoint aux commissaires de veiller avec la plus sévère exactitude à ce qu'il ne soit établi aucun pont, aucune chaussée permanente ou mobile, aucune écluse ou usine, aucun batardeau, moulin, digue ou autre obstacle quelconque au libre cours des eaux dans les rivières navigables et flotables, dans les canaux d'irrigation ou de déchessemens généraux, sans en avoir préalablement obtenu la permission de l'administration centrale. *A. du 19 ventôse, an 6, art. 9. B. 190, n°. 1766.* Ils veilleront pareillement à ce que nul ne détourne le cours des eaux des rivières et canaux navigables ou flotables, et n'y fasse des prises d'eau ou saignées pour l'irrigation des terres, qu'après y avoir été autorisé par l'administration centrale, et sans pouvoir excéder le niveau qui aura été déterminé. *Art. 10.*

Les commissaires doivent veiller à ce qu'il n'y ait aucun obstacle au cours des rivières et canaux navigables et flottables.

Sont exemptes de payer la taxe d'entretien, les bêtes allant au pâturage ou revenant; les bêtes et voitures allant et revenant pour le travail de l'exploitation des terres. *L. du 9 vendémiaire, an 6, art. 76. B. 148, n°. 1447.* Le directoire préviendra par des réglemens particuliers à chaque barrière et propres aux localités, les difficultés qui pourroient naître de l'exécution de cet article. *L. du 3 nivôse, an 6, art. 6. B. 171, n°. 1631.* L'exception établie en faveur de l'approvisionnement des communes, comprend sous le nom de denrées, les grains, les légumes, la volaille, les fruits, les œufs, le lait, le beurre, la tourbe, la houille, le charbon de terre et de bois, le bois de chauffage. *L. du 14 brumaire, an 7, art. 11. B. 239, n°. 2155.* I. Voitures et bêtes allant au pâturage, exemptes du droit.

Les cultivateurs qui voudront jouir de l'exemption de la taxe d'entretien des routes pour les voitures et bestiaux par eux employés à la culture de leurs terres ou fermages, sont tenus de faire au greffe de la municipalité où sont situés leurs terres et cultures, 1°. une déclaration du nombre de voitures et bestiaux qu'ils emploient à leurs exploitations, et de désigner d'une manière précise les barrières auxquelles ils désirent jouir de l'exemption de la taxe dont il s'agit; 2°. ils sont tenus de déposer aux barrières, par eux indiquées, une expédition desdites déclaration et désignation, dûment visées et certifiées par le commissaire du directoire exécutif près l'administration muni- II. Formalité pour en jouir.

cipale qui les a reçues. *A. du 21 floréal, an 6, art. 1. B. 201, n°. 1829.*

III. Conduite des préposés en cas de doute sur la légitimité des exemptions.

Dans le cas où les préposés aux recettes auroient des motifs de soupçonner que les voitures ou bestiaux pour lesquels les dispositions des articles précédens seroient réclamées, ne sont pas compris dans les exceptions établies par la loi et les réglemens particuliers, ils pourront exiger la consignation de la taxe; laquelle ne sera restituée que sur la présentation d'un certificat du commissaire du directoire exécutif et de l'administration municipale du canton, portant que le consignataire est exempt à raison de son domicile. *L. du 3 nivôse, an 6, art. 7.*

# SUBVENTION EXTRAORDINAIRE DE GUERRE POUR L'AN SEPT.

Il sera payé pour l'an 7, par les propriétaires fonciers ou usufruitiers de biens-fonds, une subvention extraordinaire de guerre qui sera réglée de la manière ci-après. *L. du 6 prairial, an 7, art. 1. B. 282, n°. 2957.* Le montant de ladite subvention sera fixé d'après les rôles définitifs de la contribution foncière de l'an 7, et sera du dixième du principal de la cote de chaque contribuable. Ladite subvention sera rapportée à la marge des rôles définitifs, et rendue exécutoire par l'administration municipale du canton. *Art. 2.* Si les biens sont affermés, le montant de ladite subvention sera avancé par les fermiers qui en feront la retenue sur le prix de leurs baux, dans le cas même où ils se seroient chargés du paiement des contributions foncières. *Art. 3.* Ladite subvention extraordinaire de guerre sera prélevée en entier pour le compte du trésor public, et au surplus, en la même forme et aux mêmes échéances que la contribution foncière; il en sera compté, par article séparé, par les percepteurs et les receveurs. Chaque contribuable en l'acquittant sera tenu de payer en sus un demi-centime par franc du montant de la subvention même, applicable au profit du seul percepteur, et sans que le receveur général ni son préposé puissent faire aucune retenue pour cet objet. *Art. 4.* Les bons délivrés aux rentiers et pensionnaires de la république en exécution de la loi du 28 vendémiaire dernier, seront admissibles en paiement

I. Sur la contribution foncière.

de ladite subvention comme des contributions ordinaires. *Art.* 5.

II. Sur la contribution personnelle, mobiliaire et somptuaire.

Il sera pour l'an 7, par chaque contribuable inscrit aux rôles de la contribution personnelle, mobiliaire et somptuaire, une subvention extraordinaire de guerre qui sera réglée de la manière ci-après. *L. du 6 prairial, an 7, art. 1. B. 282, n°. 2958.* Le montant de ladite subvention extraordinaire sera fixé d'après les rôles définitifs de la contribution personnelle, mobiliaire et somptuaire de l'an 7, et sans aucune considération, en aucun cas, des rôles des années antérieures. Ladite subvention sera, 1°. d'un décime par franc de la cote de chaque contribuable en contribution personnelle; 2°. d'un franc pour franc de la cote de la contribution somptuaire; 3°. en ce qui concerne la contribution mobiliaire, ladite subvention sera, avec le principal de la cote mobiliaire dans les rapports qui suivent; savoir, de cinq décimes pour franc sur les cotes qui seront en principal de 25 fr. et au-dessous; de soixante-quinze centimes pour franc sur les cotes depuis 25 jusqu'à 50 francs; et d'un franc pour franc sur celles qui excéderont 50 francs. *Art.* 2. La subvention ainsi réglée sera rapportée à la marge des rôles définitifs, et rendue exécutoire par l'administration municipale du canton. *Art.* 3. Ladite subvention sera prélevée en entier pour le compte du trésor public, et au surplus, en la même forme et aux mêmes échéances que la contribution personnelle; il en sera compté par article séparé par les percepteurs et receveurs. Chaque contribuable, en l'acquittant, sera tenu de payer en sus un demi-centime par franc du montant de la subvention même, applicable au profit du seul percepteur, et sans que le receveur général ni son préposé puissent faire aucune retenue pour cet objet. *Art.* 4. Les bons délivrés aux rentiers et pensionnaires de la république, en exécution de la loi du 28 vendémiaire dernier, seront admissibles en paiement de ladite subvention comme des contributions ordinaires. *Art.* 5.

III. Sur les portes et fenêtres.

Il sera payé à titre de subvention extraordinaire de guerre pour l'an 7, un droit sur les portes et fenêtres, réglé de la manière ci-après. *L. du 6 prairial, an 7, art. 1. B. 282, no. 2959.* Cette subvention consistera dans le doublement du supplément ordonné par la loi du 28 ventôse dernier; en conséquence les contribuables cotisés au rôle du supplément, paieront le double de la somme pour laquelle ils y sont ou doivent y être portés. *Art.* 2. Ladite subvention sera prélevée en entier pour le compte du trésor public, en la même forme et aux mêmes échéances que la contribution supplémentaire : il en sera compté par article séparé par les percepteurs et receveurs. Chaque contribuable, en l'acquittant, sera tenu de payer en sus un demi-centime par franc du montant de la subvention même, applicable au profit du seul percepteur, et sans que le receveur général ni son préposé puissent faire aucune retenue pour cet objet. *Art.* 3.

# TABAC. (taxe du)

---

Dans le cas où un fabricant diminueroit sa fabrication, il en sera fait la déclaration à l'administration de canton, qui, sur la preuve qu'elle aura acquise et sur l'avis du commissaire du directoire, accordera sur la taxe une diminution proportionnelle; cette diminution ne pourra avoir lieu pour les trimestres échus ni pour le trimestre courant. *L. du 22 brum. an 7, art. 15. B. 240, n°. 2173.* I. Cas où la taxe d'un fabricant peut être diminuée.

La régie de l'enregistrement dénoncera au commissaire du directoire exécutif les contraventions à la loi, ou les fausses déclarations; et à la réquisition dudit commissaire, l'administration de canton sera tenue de procéder à un nouvel examen et à une nouvelle estimation. *Art. 16.* II. Dénonciation des contraventions.

# TIMBRE DES CARTES A JOUER.

Le papier de devant de toutes les cartes à jouer doit être fourni par la régie, et timbré à son filigrame. Il ne peut être employé d'autre papier à cette fabrication. *A. du 19 floréal, an 6. B. 199, n°. 1824, art. 1 et 2.* Les jeux fabriqués seront en outre timbrés en noir sur *bande* sans aucuns frais. *Art. 6.* Le nombre des cartes formant le jeu et le nom du fabricant, doit être inscrit à côté de l'empreinte du timbre; le nom et la demeure du fabricant se trouveront gravés au moins à l'une des cartes à figure de chaque jeu. *A. du 3 pluviôse, an 6. B. 179, n°. 1683, art. 6.* Nul ne peut vendre de cartes même frappées du filigrame de la régie, que sous la bande timbrée. *Art. 8.* — I. Sa forme.

Les jeux de cartes fabriqués dans la république, qui ne sont pas dans la forme usitée en France, et qui sont destinés uniquement pour l'étranger, ne sont pas assujétis au timbre; les fabricans sont seulement tenus de tenir registre de leurs fabrications et de leurs envois, pour justifier aux préposés de la régie, que la totalité de la fabrication passe à l'étranger, et de joindre aux envois un permis du directeur de la régie de l'enregistrement, lequel lui sera rapporté dans le mois, revêtu du certificat de sortie délivré par les préposés des douanes. *A. du 19 floréal, art. 17.* — II. Cartes non assujéties au timbre.

Nul citoyen ne peut fabriquer des cartes qu'après avoir fait inscrire ses nom, prénom, surnom et domicile à la régie, et en avoir reçu — III. Formalité pour vendre ou fabriquer des cartes.

une commission qu'elle ne pourra refuser; avoir fait connoître les différens endroits où il entend fabriquer, le nombre des moules qu'il a en sa possession, et celui de ses ouvriers actuels, dont il donnera les noms et signalemens. Il ne pourra fabriquer en d'autres lieux que ceux qu'il aura déclarés. *Art. 9 de l'a. du 3 pluviôse, et 12 de celui du 19 floréal, an 6.* Les particuliers qui voudront vendre des cartes, doivent déclarer leurs nom et domicile, de même que les fabricans. *Art. 9 de l'a. du 3 pluviôse, an 6.* Il est défendu aux graveurs tant en cuivre qu'en bois, et à tous autres, de graver aucun moule ni aucune planche propre à imprimer des cartes, sans en avoir déclaré au bureau de la régie les nom et demeure du fabricant qui aura fait la demande, et avoir pris la reconnoissance du préposé sur la remise de ladite déclaration. *Art. 13 de la loi du 19 floréal.* Il est fait défense à toute personne de tenir dans ses maisons et domicile aucun moule propre à imprimer des cartes à jouer, d'y retirer ni laisser travailler à la fabrique et recoupe des cartes et tarots, aucuns cartiers, ouvriers et fabricans qui ne seroient pas pourvus d'une commission de la régie. *Art. 16.* Les fabricans sont tenus de tenir un registre des feuilles timbrées en filagrame, qu'ils auront levées au bureau de la régie, un second pour y porter la fabrication à mesure qu'elles seront parachevées, et un troisième pour les ventes qu'ils feront, soit en détail, soit aux marchands commissionnés. *Art. 5, et arrêté du 3 pluviôse, article 10.* Le marchand non fabricant tiendra deux registres également cotés et paraphés par le directeur de la régie, et en papier timbré : sur l'un seront portés ses achats; il ne peut les faire que chez le fabricant directement;

l'autre sert pour la vente journalière. *A. du 3 pluviôse, art. 11.* Les entrepreneurs et directeurs de bals, fêtes champêtres, réunions, clubs, billards, cafés et autres maisons où l'on donne à jouer, doivent avoir un registre coté et paraphé, sur lequel seront inscrits tous leurs achats de jeux de cartes, avec indication des noms et domiciles des vendeurs. *Art. 12.* Ils sont tenus, lorsqu'ils feront leur achat chez les fabricans de présenter leur registre sur lequel le fabricant inscrira les quantités qui auront été levées. *A. du 19 floréal, art. 14.*

IV. Surveillance des ventes clandestines.

Les commissaires du directoire exécutif près les administrations municipales, sont chargés de concourir à la recherche des fabrications et ventes clandestines, et à l'exécution des dispositions des arrêtés des 3 pluviôse et 19 floréal, an 6, *art. 19.*

une commission qu'elle ne pourra refuser; avoir fait connoître les différens endroits où il entend fabriquer, le nombre des moules qu'il a en sa possession, et celui de ses ouvriers actuels, dont il donnera les noms et signalemens. Il ne pourra fabriquer en d'autres lieux que ceux qu'il aura déclarés. *Art. 9 de l'a. du 3 pluviôse, et 12 de celui du 19 floréal, an 6.* Les particuliers qui voudront vendre des cartes, doivent déclarer leurs nom et domicile, de même que les fabricans. *Art. 9 de l'a. du 3 pluviôse, an 6.* Il est défendu aux graveurs tant en cuivre qu'en bois, et à tous autres, de graver aucun moule ni aucune planche propre à imprimer des cartes, sans en avoir déclaré au bureau de la régie les nom et demeure du fabricant qui aura fait la demande, et avoir pris la reconnoissance du préposé sur la remise de ladite déclaration. *Art. 13 de la loi du 19 floréal.* Il est fait défense à toute personne de tenir dans ses maisons et domicile aucun moule propre à imprimer des cartes à jouer, d'y retirer ni laisser travailler à la fabrique et recoupe des cartes et tarots, aucuns cartiers, ouvriers et fabricans qui ne seroient pas pourvus d'une commission de la régie. *Art. 16.* Les fabricans sont tenus de tenir un registre des feuilles timbrées en filagrame, qu'ils auront levées au bureau de la régie, un second pour y porter la fabrication à mesure qu'elles seront parachevées, et un troisième pour les ventes qu'ils feront, soit en détail, soit aux marchands commissionnés. *Art. 5, et arrêté du 3 pluviôse, article 10.* Le marchand non fabricant tiendra deux registres également cotés et paraphés par le directeur de la régie, et en papier timbré : sur l'un seront portés ses achats; il ne peut les faire que chez le fabricant directement;

l'autre sert pour la vente journalière. *A. du 3 pluviôse, art. 11.* Les entrepreneurs et directeurs de bals, fêtes champêtres, réunions, clubs, billards, cafés et autres maisons où l'on donne à jouer, doivent avoir un registre coté et paraphé, sur lequel seront inscrits tous leurs achats de jeux de cartes, avec indication des noms et domiciles des vendeurs. *Art. 12.* Ils sont tenus, lorsqu'ils feront leur achat chez les fabricans de présenter leur registre sur lequel le fabricant inscrira les quantités qui auront été levées. *A. du 19 floréal, art. 14.*

IV. Surveillance des ventes clandestines.

Les commissaires du directoire exécutif près les administrations municipales, sont chargés de concourir à la recherche des fabrications et ventes clandestines, et à l'exécution des dispositions des arrêtés des 3 pluviôse et 19 floréal, an 6, *art. 19.*

# TIMBRE DU PAPIER.

I. Ce qui est assujéti au timbre.

Sont assujétis au droit du timbre établi en raison de la dimension, tous les papiers à employer pour :

1°. Les actes des huissiers et les copies et expéditions qu'ils en délivrent ;

2°. Les actes et les procès-verbaux des gardes et de tous autres employés ou agens ayant droit de verbaliser, et les copies qui en sont délivrées ;

3°. Les actes et jugemens de la justice de paix, de la police ordinaire, et les extraits, copies et expéditions qui en sont délivrés ;

4°. Les actes particuliers des commissaires du directoire exécutif ;

5°. Les actes des autorités constituées administratives, qui sont assujétis à l'enregistrement, ou qui se délivrent aux citoyens, et toutes les expéditions et extraits des actes, arrêtés et délibérations desdites autorités, qui sont délivrés aux citoyens ;

6°. Les pétitions et mémoires, même en forme de lettres, présentés aux administrations ;

7°. Les registres des administrations municipales, tenus pour objets qui leur sont particuliers, et n'ayant point de rapport à l'administration générale, et les répertoires de leurs secrétaires ;

8°. Les registres des receveurs des droits et des revenus des communes et des établissemens publics ;

9°. Les registres des aubergistes, maîtres d'hôtels garnis et logeurs, sur lesquels ils doivent inscrire les noms des personnes qu'ils logent. *L. du 13 brumaire, an 7, tit. 11, art. 12. B. 237, n°. 2136.*

II. Sont exceptés du droit et de la formalité du timbre :

Ce qui en est exempt.

1°. Les minutes de tous les actes, arrêtés, décisions et délibérations de l'administration publique en général, et de tous établissemens publics, dans tous les cas où aucun de ces actes n'est sujet à l'enregistrement sur la minute, et les extraits, copies et expéditions qui s'expédient ou se délivrent par une administration ou un fonctionnaire public, lorsqu'il y est fait mention de cette destination ;

2°. Tous les comptes rendus par les comptables publics ;

3°. Les actes de police générale et de vindicte publique, et ceux des commissaires du directoire exécutif, non soumis à la formalité de l'enregistrement ;

4°. Les registres de toutes les administrations publiques pour ordre et administration générale ; des commissaires du directoire exécutif, et des receveurs des contributions publiques, et autres préposés publics. *Art. 16.*

III. Il est fait défense aux administrations publiques de rendre aucun arrêté sur un acte non écrit sur papier timbré du timbre prescrit ou non visé pour timbre. *Art. 24.*

Arrêté ne peut être rendu sur un acte non timbré.

# TRANSPORT DES GRAINS À L'ÉTRANGER.

I.
Entrepôt de grains prohibés sur les frontières

Tout entrepôt de grains et farines, établi dans les cinq kilomètres des frontières de terre, étant contraire aux lois des 11 septembre 1793 et 26 ventôse, an 5, est sévèrement prohibé. *A. du 17 prairial, an 7, art. 1. B. 285, n°. 3004.* Les grains et farines qui ont été tirés de l'intérieur pour être mis en entrepôt dans les cinq kilomètres des frontières de terre, seront, dans la décade qui suivra la publication du présent arrêté, transportés en-deçà des cinq kilomètres, sous acquits à caution délivrés par les préposés du bureau des douanes le plus voisin : ce délai expiré, ceux qui resteroient en entrepôt, seront également saisis et confisqués avec amende; et à cet effet les préposés des douanes sont autorisés à se transporter dans les lieux du dépôt, accompagnés d'un officier municipal, ou d'un commissaire du directoire exécutif. *Art. 2.* Les préposés des douanes ne délivreront des acquits à caution pour le transport des grains dans les communes situées sur l'extrême frontière, particulièrement sur le rhin, que d'après un certificat des agens respectifs desdites communes, visé par le commissaire du directoire exécutif; lequel certificat constatera que les grains à transporter sont destinés à la consommation des habitans et aux semences de leurs terres. *Art. 6.*

II.
Les citoyens qui les font doivent être dénoncés aux commissaires.

Les agens municipaux et adjoints des communes dénonceront au commissaire du directoire près l'administration municipale du canton, les citoyens qui, par de coupables manœuvres, cherchent à faire passer des grains à l'étranger. Ce commissaire sera tenu de dénoncer au juge-de-paix du canton ces citoyens, pour être poursuivis conformément à la loi du 3 brumaire, an IV, tit. V, §. 2, art. 83. *Art.* 5. (1)

III. Ils doivent veiller à l'exécution des lois qui prohibent l'exportation des grains.

Les commissaires du directoire exécutif près les administrations municipales des cantons voisins des frontières de la Hollande, les agens municipaux des communes, etc. concourront, avec les préposés des douanes et la gendarmerie nationale, à l'exécution des lois qui prohibent l'exportation des grains à l'étranger; ils provoqueront les nouvelles mesures qu'ils croiront nécessaires pour réprimer et arrêter les abus qui pourroient se commettre; et ils sont autorisés à se faire soutenir par la force armée. *Art.* 9. V. PASSAVANT et loi du 26 ventôse, an 5. B. 113, nº. 1082.

---

(1) Cet article 83 est ainsi conçu; » toute autorité constituée, tout fonctionnaire public ou officier public, qui, dans l'exercice de ses fonctions, acquiert la connoissance, ou reçoit la dénonciation d'un délit de nature à être puni, soit d'une amende au-dessus de la valeur de trois journées de travail, etc. est tenu d'en donner avis sur-le-champ au juge-de-paix de l'arrondissement dans lequel il a été commis, ou dans lequel réside le prévenu, et de lui transmettre tous les renseignemens, procès-verbaux et actes qui y sont relatifs. »

# TRIBUNAL DE POLICE.

I. Où il y en a d'établi.

Il y a un tribunal de police dans l'arrondissement de chaque administration municipale. *Code des délits, du 3 brumaire, an 4, art.* 151. *B.* 204, *première série, n°.* 1221.

II. Sa formation.

Ce tribunal est composé du juge-de-paix et de deux de ses assesseurs. *Même art.* S'il y a plusieurs juges-de-paix dans l'arrondissement de chaque administration municipale, chacun d'eux y fait le service par tour pendant un mois, à commencer par le plus âgé. *Art.* 152. Le greffier et les huissiers du juge-de-paix servent auprès du tribunal de police. *Art.* 166.

III. Qui peut être cité et par qui

Toute personne prévenue d'un délit dont la peine n'excède ni la valeur de trois journées de travail, ni trois jours d'emprisonnement, est cité devant le tribunal de police de l'arrondissement dans lequel le délit a été commis, pour être entendue et jugée en dernier ressort, sauf le recours au tribunal de cassation. La citation est donnée à la requête des particuliers qui se prétendent lésés par le délit. *Art.* 153. Dans ce dernier cas et dans celui où les personnes se trouvant lésées par le délit, interviennent comme parties civiles, sur la citation donnée à la requête du commissaire du pouvoir exécutif, le tribunal de police prononce en dernier ressort par le même jugement sur les dommages-intérêts prétendus pour raison du délit et sur la peine infligée par la loi. *Art.* 154. La citation est notifiée par un huissier qui en laisse une copie au prévenu. *Art.* 155. Néanmoins les parties peuvent comparoître volontairement ou sur un simple avertissement, sans qu'il soit besoin de citation. *Art.* 156. La citation est donnée à jour et heure fixes; il ne peut y avoir entre la citation et la comparution un intervalle moindre de vingt-quatre heures. *Art.* 157.

IV. Jours d'audience.

Le juge-de-paix règle le nombre et les jours d'audience du tribunal de police d'après celui des affaires, en observant que toute affaire de nature à être jugée d'après les dispositions du code de police, doit l'être au plus tard dans les quinze jours qui suivent la remise que le commissaire de police a faite des pièces au commissaire du pouvoir exécutif. *Art.* 164.

V. Instruction.

L'instruction de chaque affaire est publique et se fait dans l'ordre suivant : les procès-verbaux, s'il y en a, sont lus par le greffier; les témoins, s'il en a été appelé par le commissaire du pouvoir exécutif, sont entendus; la personne citée propose sa défense et fait entendre ses témoins si elle en a amené, ou fait citer; le commissaire du pouvoir exécutif résume l'affaire et donne ses conclusions; le tribunal prononce ensuite dans la même audience ou au plus tard dans la suivante; il motive son jugement et y insère les termes de la loi qu'il applique; le tout à peine de nullité. *Art.* 162.

VI. Jugement par défaut.

Si la personne citée ne comparoît pas au jour et à l'heure fixée par la citation, elle est jugée par défaut. *Art.* 158. La condamnation par défaut est comme non avenue, si dans les dix jours de la signification qui en a été faite à la personne citée, celle-ci se présente et demande à être entendue. Néanmoins les frais de la signification du jugement par défaut demeurent à sa charge. *Art.* 159. Si la personne citée ne comparoît pas dans les dix jours de la signification du jugement par défaut, ce jugement demeure définitif. *Art. 160.*

La personne citée comparoît par elle-même ou par un fondé de procuration spéciale, sans pouvoir être assistée d'un défenseur officieux ou d'un conseil. *Art. 161.* VII. On doit paroître en personne.

Le condamné a trois jours francs après celui où son jugement lui a été prononcé, pour déclarer au greffe s'il se pourvoit en cassation. *Art. 163 et 440.* Pendant ces trois jours il est sursis à l'exécution du jugement. *Art. 440.* Le commissaire du pouvoir exécutif peut également, dans les trois jours, déclarer au greffe qu'il demande au nom de la loi la cassation du jugement. *Art. 441.* Néanmoins dans le cas d'absolution par un jugement, le commissaire du pouvoir exécutif n'a que vingt-quatre heures pour se pourvoir. *Art. 442.* Il est tenu de se pourvoir en cassation contre les jugemens qui feroient remises aux délinquans dûment convaincus, soit de l'amende, soit de l'emprisonnement déterminé par la loi. *Arrêté du 27 nivôse, an 5, art. 1. B. 101, n°. 957.* VIII. Sursis à l'exécution du jugement, pour se pourvoir en cassation.

La condamnation est exécutée ou dans les vingt-quatre heures qui suivront les trois jours dont il vient d'être parlé, s'il n'y a point eu de recours en cassation, ou dans les vingt-quatre heures de la réception du jugement du tribunal de cassation qui a rejeté la demande. *Code des délits, etc. art. 443.* IX. Exécution du jugement.

La déclaration du recours en cassation faite au greffe est inscrite par le greffier sur un registre particulier à ce destiné. *Art 447.* Elle est signée du déclarant, ou s'il ne sait pas signer, le greffier en fait mention. *Art. 448.* Le condamné, soit en faisant la déclaration X. Comment s'opère le recours en cassation?

dont il vient d'être parlé, soit dans les dix jours suivans, remet au greffe une requête contenant ses moyens de cassation. Le greffier lui en donne une reconnoissance et transmet sur-le-champ cette requête au commissaire du pouvoir exécutif. *Art.* 449. Dans les dix jours qui suivent la déclaration du recours en cassation, le commissaire du pouvoir exécutif fait passer au ministre de la justice l'expédition du jugement, les pièces du procès et la requête du condamné s'il en a remis une. *Art.* 450. Dans les vingt-quatre heures de la réception de ces pièces, le ministre de la justice les adresse au tribunal de cassation, et il en donne avis dans les deux jours suivans au commissaire du pouvoir exécutif près l'administration municipale, lequel en avertit par écrit le juge-de-paix et le condamné. *Art.* 451. Le tribunal de cassation est tenu de prononcer sur le recours en cassation dans le mois de l'envoi qui lui a été fait des pièces par le ministre de la justice. *Art.* 452. Le jugement du tribunal de cassation qui rejette la requête est délivré dans les trois jours au commissaire du pouvoir exécutif près l'administration municipale par simple extrait signé du greffier. Cet extrait est adressé au ministre de la justice qui l'envoie aussi-tôt au commissaire du pouvoir exécutif, lequel en donne connoissance par écrit au juge-de-paix, à l'accusé, et agit ensuite ainsi qu'il est réglé par l'article 443. *Art.* 455.

XI. Le tribunal de cassation ne peut annuller les jugemens des tribunaux de police que dans les cas suivans :

*Cas où il y a lieu à la cassation.*

1°. Lorsqu'il y a eu une fausse application des lois pénales ;

2°. Lorsque des formes ou procédures prescrites par la loi, sous peine de nullité, ont été violées ou omises;

3°. Lorsque l'accusé ou le commissaire du pouvoir exécutif ayant requis l'exécution d'une formalité quelconque, à laquelle la loi n'attache pas la peine de nullité, cette formalité n'a pas été remplie;

4°. Lorsque le tribunal de police a omis de prononcer sur une réquisition quelconque de l'accusé ou du commissaire du pouvoir exécutif;

5°. Lorsque dans les cas où il en avoit le droit, le tribunal de police n'a pas prononcé les nullités établies par la loi;

6°. Lorsqu'il y a eu contravention aux règles de compétence établies par la loi pour la connoissance du délit ou pour l'exercice des différentes fonctions relatives à la procédure, ou qu'il y a eu, de quelque manière que ce soit, usurpation de pouvoir. *Art. 456.*

Le jugement du tribunal de cassation qui annulle un jugement émané du tribunal de police est, par le ministre de la justice, adressé en expédition authentique au commissaire du pouvoir exécutif qui la communique au juge-de-paix et à l'accusé, et la dépose ensuite au greffe. *Art. 157.* V. COMPÉTENCE DU TRIBUNAL DE POLICE, JUSTICE, PEINE DE POLICE, POLICE.

# VISA.

Lorsque les percepteurs des contributions directes effectueront des versemens dans la caisse du receveur ou de ses préposés, ils seront tenus de faire viser, dans les vingt-quatre heures, les récépissés qu'ils en auront reçus, par le commissaire du directoire exécutif près l'administration municipale de la résidence du receveur ou du préposé. *L. du 17 fructidor, an 6, art. 14. B. 222, n°. 1993.* Les préposés aux recettes feront aussi viser dans le délai de cinq jours, par le commissaire près l'administration municipale de leur résidence, les récépissés des sommes qu'ils verseront dans la caisse du receveur général. *Art. 15.*

I. Les quittance des préposés e des percepteurs doivent être visées.

Les commissaires du directoire enregistreront par ordre de date et par extrait, les récépissés présentés à leur visa. *Art. 16.* Ils tiendront à cet effet un registre qui contiendra des comptes ouverts avec le préposé aux recettes et avec les percepteurs de son arrondissement. *Même article.* Dans les grandes communes divisées en arrondissemens, le visa et l'enregistrement des récépissés se feront par le commissaire du directoire près le bureau central. *Art. 17.* En cas d'absence ou d'empêchement du commissaire du directoire, le visa et l'enregistrement seront faits par celui qui le remplacera dans ses fonctions. *Art. 18.* Les formalités prescrites par les articles précédens, seront remplies sur papier libre et sans frais. *Art. 19.*

II. Et enregistrées.

III. Le bordereau des sommes portées sur les récé-

Les commissaires du directoire près des ad-

plissés, doivent être envoyés au commissaire central.

ministrations municipales du chef-lieu des arrondissemens de recette, adresseront, le premier de chaque décade, au commissaire du directoire près l'administration centrale, le bordereau des sommes portées sur les récépissés qu'ils auront visés pendant la décade précédente : le bordereau énoncera la date des récépissés. *Art.* 22.

# TABLE

## Des mots contenus dans le dictionnaire des commissaires du directoire exécutif.

*Cette table a deux objets : l'un de faciliter le classement des articles pour le relieur ; l'autre d'indiquer le renvoi d'un mot qui n'est plus dans le dictionnaire à celui qui s'y trouve : ainsi par exemple on chercherait vainement dans le dictionnaire le mot* imposition ; *mais dans la table il y sera mis pour renvoyer le lecteur au mot* contribution *qui traite le même sujet.*

Nota. Chaque mot est numéroté au bas de la première page. Le n°. 49 ne se trouve pas par erreur d'impression, et non pas par omission du mot.

## ERRATUM.

*A l'avertissement* page 4, on lit : le prix est de 3 francs pour dix feuilles d'impression. *Lisez :* le prix est de 6 francs pour l'ouvrage complet, broché et disposé en onglets, composé de dix-neuf feuilles d'impression; et de 2 francs 50 centimes par dix feuilles qui serviront aux changemens et additions; et ainsi de suite de 2 francs 50 centimes par dix feuilles.

# ENTREPRENEURS DE VOITURES.

Il est défendu expressément à tous les entrepreneurs de voitures libres et à toute autre personne étrangère au service des postes, de s'immiscer dans le transport de lettres, paquets et papiers du poids d'un kilogramme ou de deux livres et au-dessous, journaux, feuilles à la main et ouvrages périodiques, dont le port est exclusivement confié à l'administration des postes aux lettres. *A. du 7 fructidor, an 6, art. 1. B. 220, n°. 1973.* Les sacs de procédure, les papiers uniquement relatifs au service personnel des entrepreneurs de voitures, et les paquets au-dessus du poids de deux livres, sont seuls exceptés de la prohibition prononcée par l'article précédent. *Art. 2.*

I. Il leur est défendu de s'immiscer dans le transport des lettres, paquets, &c.

Les commissaires du directoire exécutif près les administrations municipales, sont chargés de veiller à l'exécution du présent arrêté, et sont autorisés à donner à cet effet tous ordres nécessaires. *Art. 4.*

II. Les commissaires doivent veiller à l'exécution de cet ordre.

Nota. Chaque mot est numéroté au bas de la première page. Le n°. 49 ne se trouve pas par erreur d'impression, et non pas par omission du mot.

## ERRATUM.

*A l'avertissement* page 4, on lit : le prix est de 3 francs pour dix feuilles d'impression. *Lisez :* le prix est de 6 francs pour l'ouvrage complet, broché et disposé en onglets, composé de dix-neuf feuilles d'impression ; et de 2 francs 50 centimes par dix feuilles qui serviront aux changemens et additions ; et ainsi de suite de 2 francs 50 centimes par dix feuilles.

# ENTREPRENEURS DE VOITURES.

I. Il leur est défendu de s'immiscer dans le transport des lettres, paquets, &c.

Il est défendu expressément à tous les entrepreneurs de voitures libres et à toute autre personne étrangère au service des postes, de s'immiscer dans le transport de lettres, paquets et papiers du poids d'un kilogramme ou de deux livres et au-dessous, journaux, feuilles à la main et ouvrages périodiques, dont le port est exclusivement confié à l'administration des postes aux lettres. *A. du 7 fructidor, an 6, art. 1. B. 220, n°. 1973.* Les sacs de procédure, les papiers uniquement relatifs au service personnel des entrepreneurs de voitures, et les paquets au-dessus du poids de deux livres, sont seuls exceptés de la prohibition prononcée par l'article précédent. *Art. 2.*

II. Les commissaires doivent veiller à l'exécution de cet ordre.

Les commissaires du directoire exécutif près les administrations municipales, sont chargés de veiller à l'exécution du présent arrêté, et sont autorisés à donner à cet effet tous ordres nécessaires. *Art. 4.*

www.ingramcontent.com/pod-product-compliance
Lightning Source LLC
Chambersburg PA
CBHW060428200326
41518CB00009B/1524
* 9 7 8 2 0 1 1 3 2 5 4 5 7 *